ハニオ日記

I

2016-2017

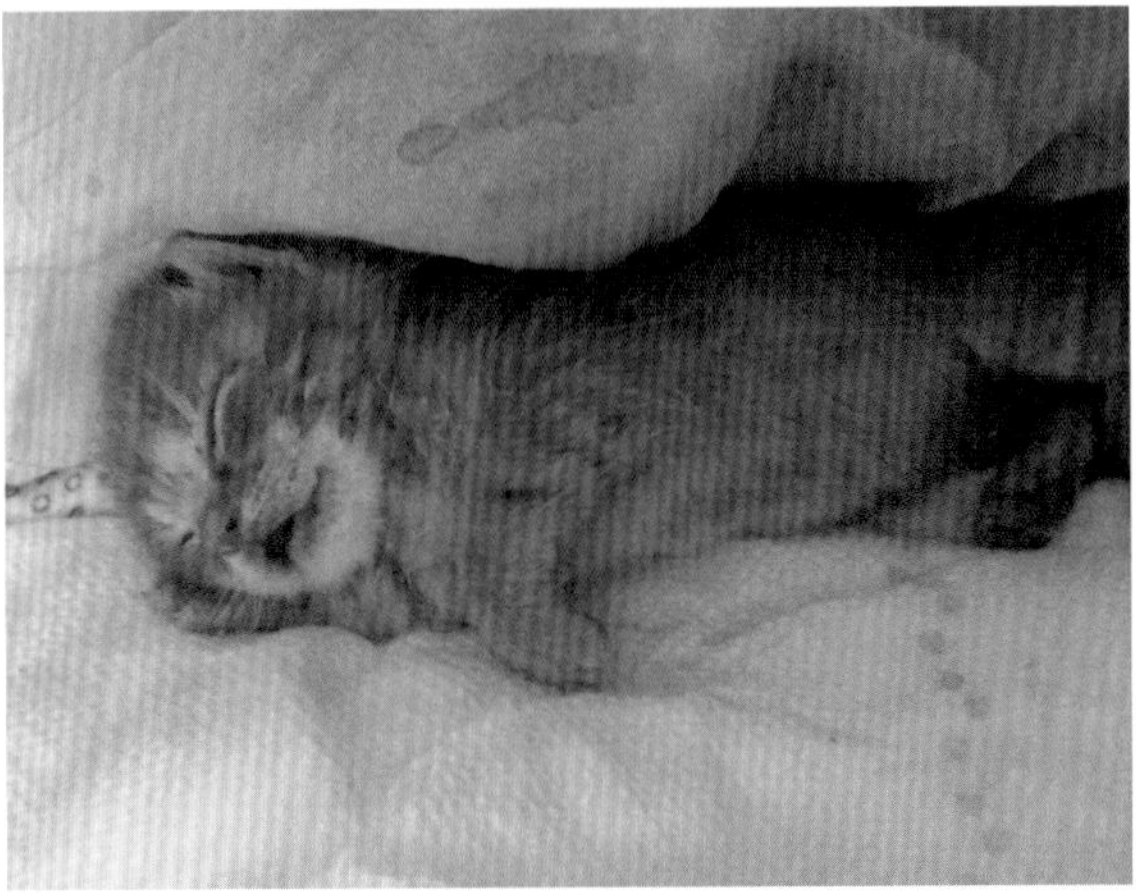

２０１６年の春のある日
わたしは生後およそ一週間の
兄弟の仔猫を保護した
小雨ふる肌寒い朝だった。

ふにゃふにゃで
あたたかくて
羽のように軽い彼ら。
目もまだ開いたばかり。

自分のちっぽけな悩みや疲れなど
一気に吹きとばすほど
仔猫はかわいい。

母猫のかわりに
とにかくこの子たちを
育てなければ。
わたしはその使命に燃えた。

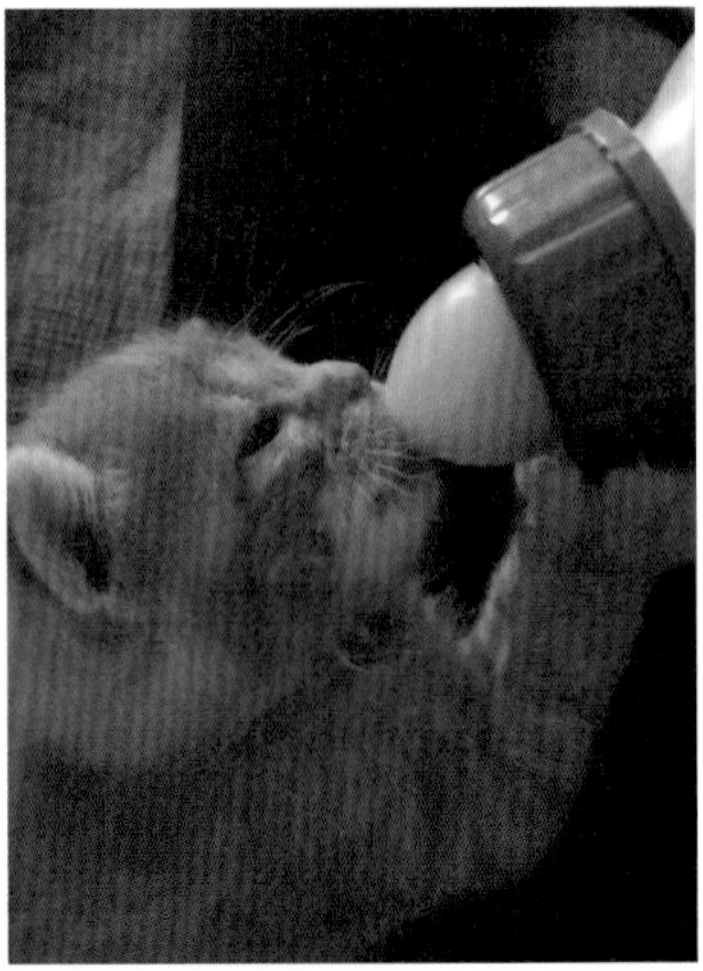

自分のことなんて
何もできない日々が
始まった。

3時間おきのミルクと
排泄の世話。
眠い目をこすりながら
ボサボサの頭で
仔猫用のミルクを溶く。
毎日少しずつ
大きくなっていく様子を
ひたすら見守る毎日。

この頃の日々を思い出すと
なんとも言えない幸せな
気持ちに包まれる。

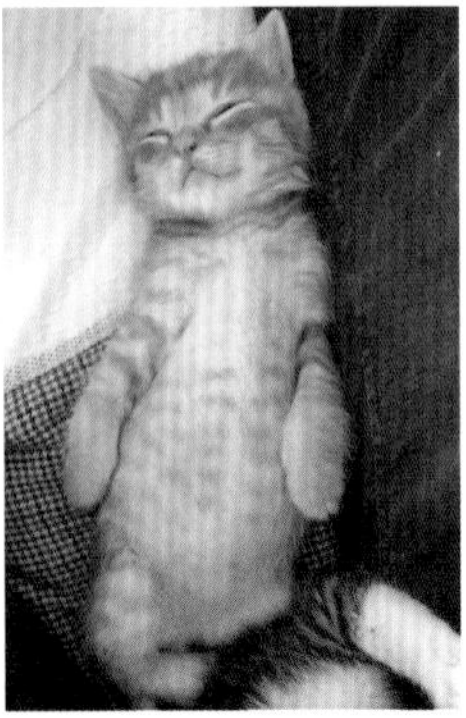

あっという間に月日は巡り
ハニオとタビは5歳になりました。

わたしの日々と
毛だらけの彼らの日々を
まとめました。

きょうも、あしたも、
あさっても。
流れるように日々は続いていく。
毎日が平和でありますように。

感謝をこめて。

2021年 5月　石田ゆり子

おはよう。
今日もまた
あたらしい一日

2016/10/10 ユ

ハニ坊、赤ちゃんの頃。
この頃からわたしの手を毎日吸いつづけております。
今日の逃げ恥、ハニオは起きてるでしょうか…。

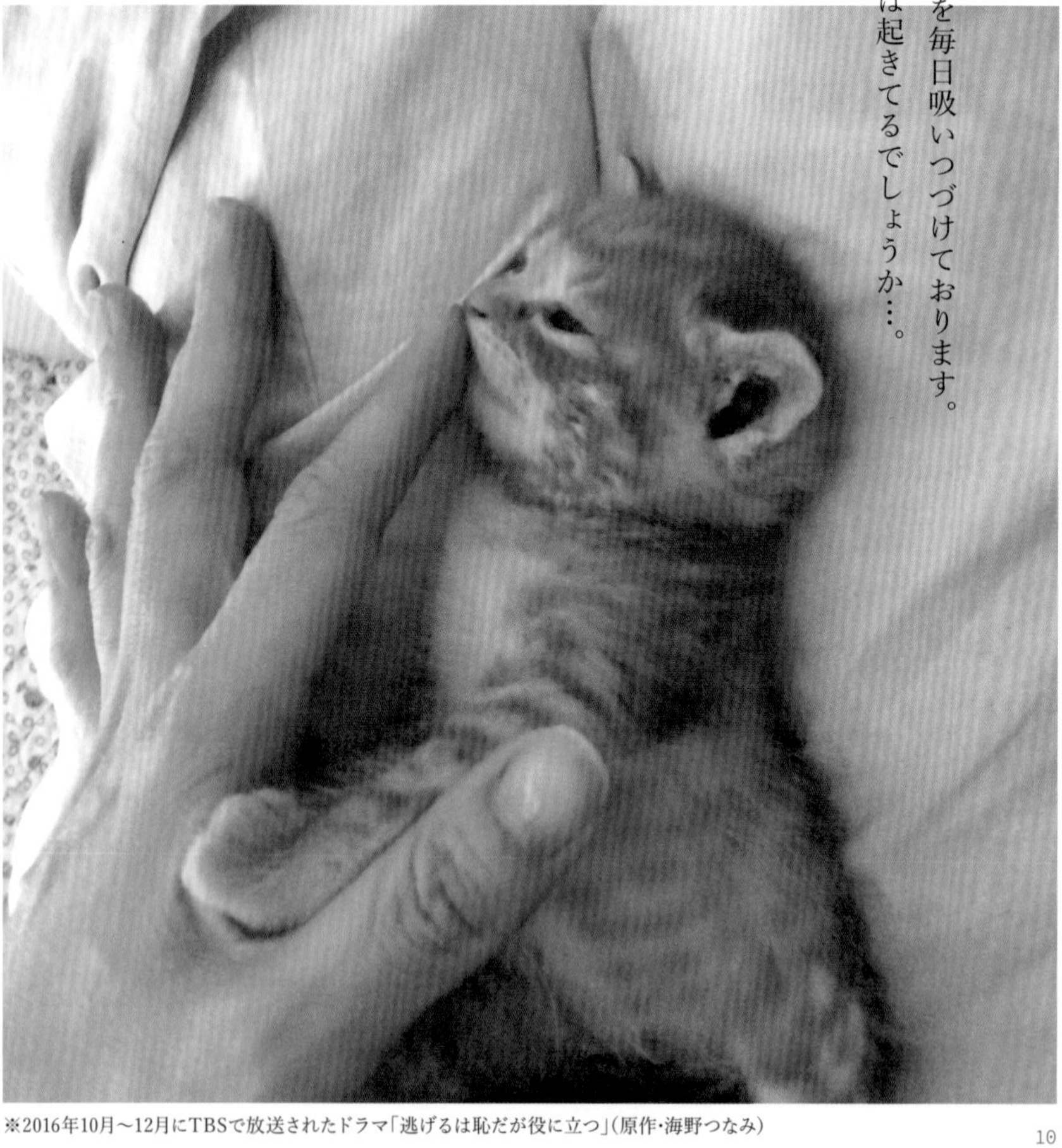

※2016年10月〜12月にTBSで放送されたドラマ「逃げるは恥だが役に立つ」(原作・海野つなみ)

そのうち親指がすり減るのでは、と
思うほど
毎日吸い続けるハニ坊。

2016/10/14 ユ

この春夏、わたしは
仔猫を必死で育てていた…
無事に育ってくれてほんとに
ありがとう。

2016/10/15 ユ

疲れた時に観る一枚。
雪がハニオとタビに初めて会った時の写真。
優しくて心が震える。

2016/10/19 ユ

ハニオがまだ
小さかった時の写真。
とにかくわたしにべったりでした。
今日も深呼吸していこう。

2016/10/24 ユ

定期検診に行ってきます。
まるで満員電車。

2016/10/25 ハ

書き忘れたけど
僕は永久歯になりました。
牙のところ、すてきな「大人の歯」に
なってます

昨日の「にげはじ」みた？
「浸透力」はんぱない
ってとこが気に入ってます。
ハニオより

2016/10/26 ユ

ちょっと忙しかったので
雪を訓練士さんに預けてました。
迎えに行くと毎回、こんなふうに大歓迎。
二、三日会わなかっただけなのに…
雪、いつもありがとう。

ビスク先輩。
雪のボールを奪い取り
目力で威圧
それにしてもわたしの周りには動物しか居ない
…と改めて気がついた。

猫を肩車するのが昔から好き。
ハニオの顔に注目。

2016/10/28 ユ

うふふ。

1日が終わる。
今日はまるで冬のような寒さで、セーターとコートを引っ張り出して着た。
Instagramを始めておよそひと月。
インスタとは…と問われれば
わたしは元気ですと伝えるための小さな手紙のようなもの…と答える。
そんな気持ちで、ゆるゆるやっていきます。
寒い夜です。あたたかくして、おやすみなさい。

2016/10/29 ユ

先日のスタジオ。
寒い日だった。
レッグウォーマーをズルズル伸ばして履いていた。

2016/10/29 ユ

落ち着かないのでしまわれたひとたち
やはりケージは躾には必需品。

2016/10/30 ユ

寒い
昨日の夜から、タビが元気なく、動きも遅くて、
何より顔つきがいつもと違ったので、様子を見ていた。
朝になったらすっかりいつも通りに
ちゅうちゅうわたしの手を吸う。
みんなが元気でいることが
どれだけありがたいことか。
そんなことを思う朝でした。

2016/10/30 ユ

ハニタビが吸うのは主に手ですが、
時にはこんなことも。

2016/10/31 ユ

雪はハニオが大好き。
2ヶ月前のふたり。
動物ばかりですみません。
でもきっとこの先も動物ばかりです。

2016/11/1 ユ

肌寒い朝は
猫で暖をとる。

2016/11/3 ユ

父の喜寿のお祝いをした。
暗くなる前に帰りたいというので
駅まで送る。
後ろ姿は切ない。
でも私は後ろ姿が好き。
きっとどんな人も、いろんな思いで
後ろ姿を誰かに見つめられている。

2016/11/3 ユ

ハニオくん、おかーさんはね
君の考えてることは、手に取るように分かるんだよ。
そこから調理台に乗ってなにか食べ物を見つけようって魂胆だね…
おかーさんはそんな君を
バッシバッシと払いおとす毎日に疲れたよ。
早く大人になってちょうだい。
キッチンの調理台に乗らない大人に。

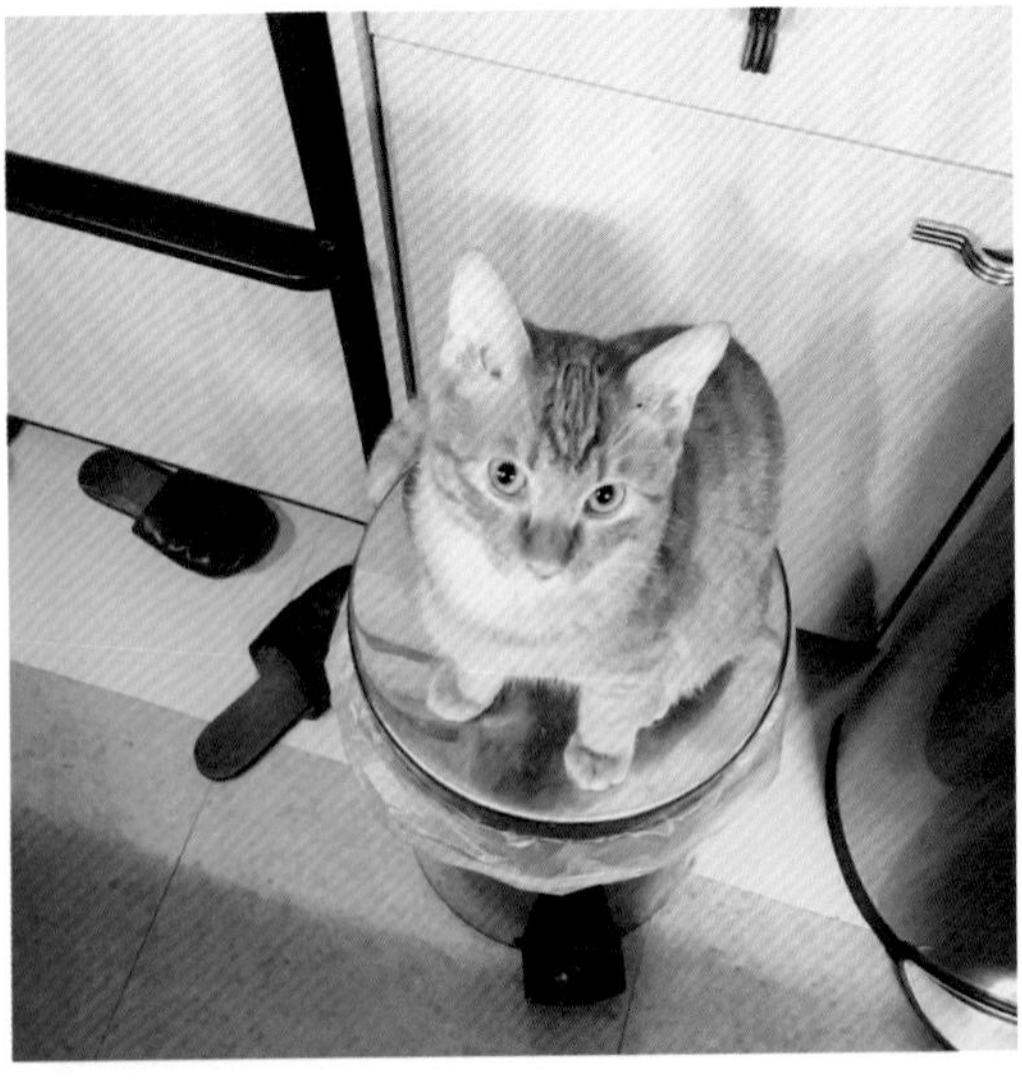

2016/11/4 ユ

良いお天気。
意味なく、この夏のハニオと私。

雪。優しい雪。なにをしても怒らない雪。
いつも楽しそうで、
生きとし生けるものすべてが大好きな雪。

スタジオの楽屋ですること。
逆立ち
肩が安定して、具合がいいんです。

逃げ恥の「恋ダンス」が1000万プレビューを超えたそうだ。
途方もない数字に、くらくらする。
こうして話題になる作品に参加していること、
とても幸せに思う。
と同時に、ドラマを作る側のわたしたちの日々は、
本当に地味で、真面目なものです。
どんな作品も、ワンシーンを大切に積み重ねていくことで作られる。
こんな毎日に感謝して。
明日のために今日も早めに眠ります。

2016/11/6 ユ

振り向けばハニオ
お天気の良い月曜日。
あ、今日は月曜日ではなかった
日曜日でした
頭の中をペンとパイナポーとアポーが。

今日も無事に終わってゆく。

自意識とかエゴとか
そういうものを捨て去ることは本当に難しい。

でもなるべく、少なくありたい。どうしたらそうなれるのかわからないけど、そうありたい。

そんなことを動物たちを眺めながらいつも思う。

2016/11/8 ユ

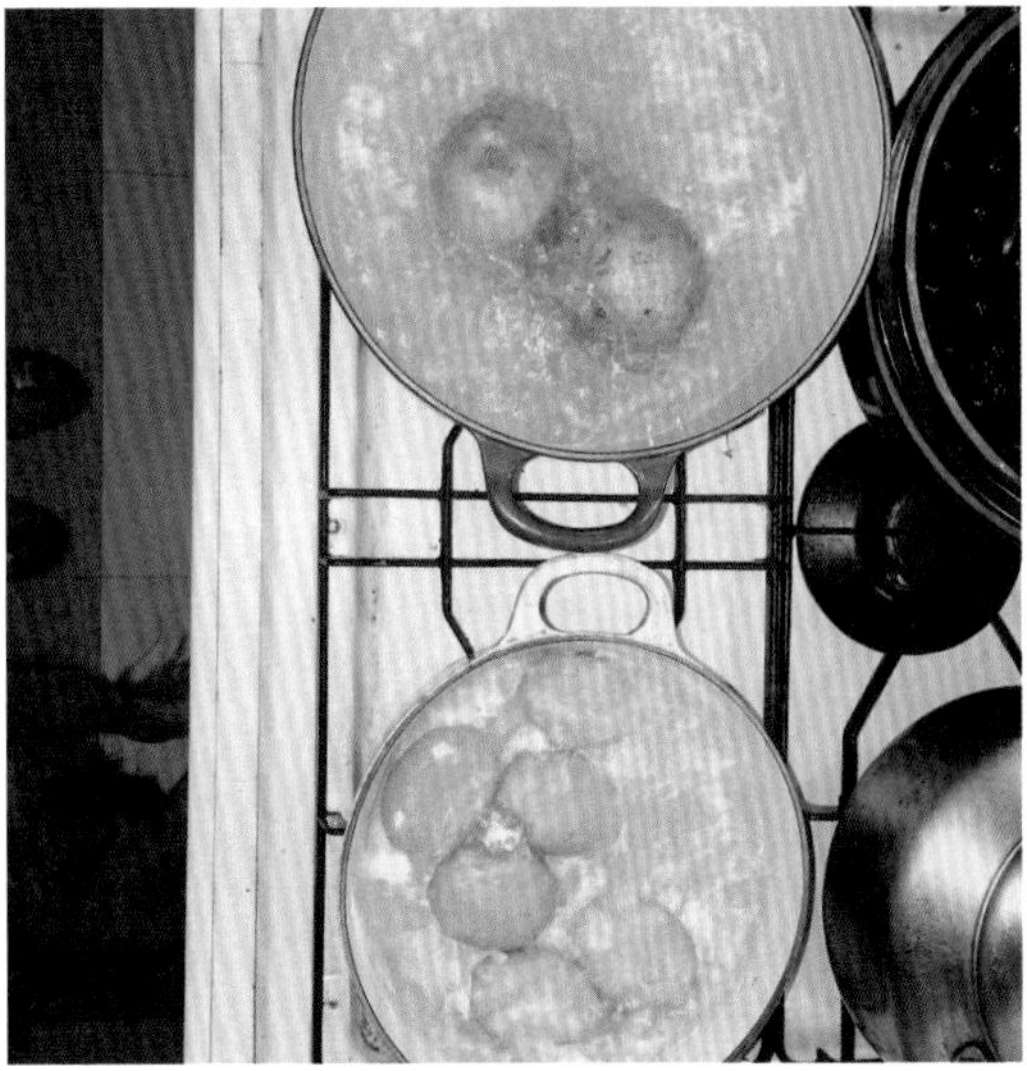

寒い日は
煮卵を作る。ポテトサラダも作る。
グツグツ何かが煮えてるのを横目で見
ながらキッチンで本を読むのが、至福
のとき。地味な暮らし。

2016/11/9 ユ

猫穴を塞ぐひと。
通れないから〜〜、雪!!
冬本番の寒さの本日。
手首足首、首元、冷やさぬよう。

2016/11/9 ハ

きのうの、にげはじ
ぼくは観ていました。
みくりちゃんのお弁当を
おかーさんが食べるシーンが好きです
はい、寝てたの決定

2016/11/9 ユ

アルバムを遡っていたら
半年前の自分と目があった。時間が経つのは本当に早い。
なんだか感傷的な気分になるのは
とても寒い夜だから、だろうか。
風邪が流行ってます。あたたかくしておやすみなさい。

久々の登場
ビスク先輩
毎朝わたしを起こしにやってくる。

2016/11/12 ユ

なんという気持ちの良い土曜の午後。
牡蠣とセリと大根おろしの一人ブランチ。
牡蠣好きです。

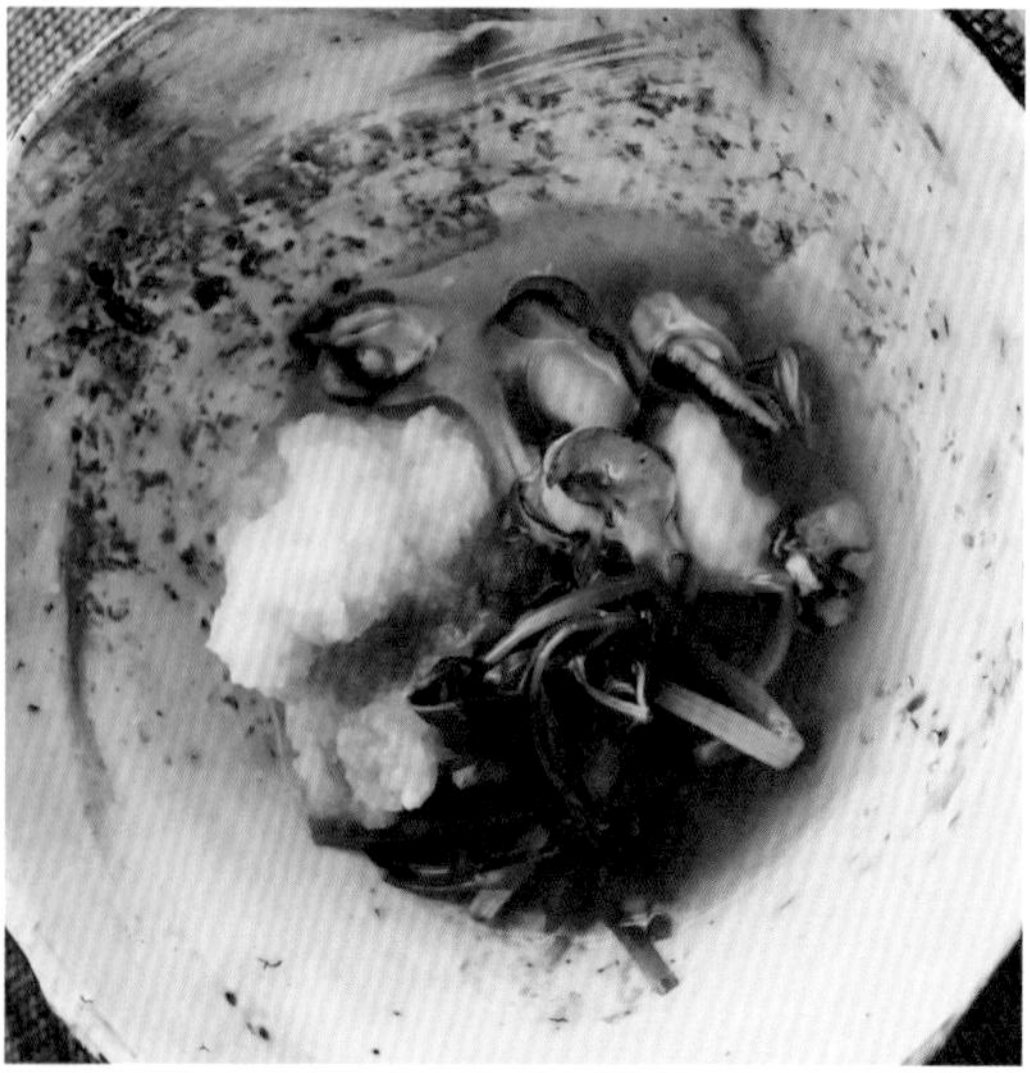

2016/11/13 ハ

今日もたくさん
おかーさんに叱られた。
キッチンの流しでベロベロしてたら叱られた。
柿の皮をくわえて歩いてたら叱られた。
チーズが欲しくてわーわー泣いたら叱られた。
僕はもうどうしたらいいのかわからない

おかーさん
ここ閉まってる
ここ開けて～ キッチンのドアを開けろと騒ぐ兄弟。
キッチン大好き…困った…。

2016/11/13 ハ

今日もおかーさんに叱られた。
キッチンの流しで
「とり」の「だし」をベロベロしてたら叱られた。
お箸をくわえて走ったら叱られた。
おかーさんに飛び乗ったら叱られた。
僕はもうどうしたらいいのかわからない

2016/11/13 ユ

雪がまだ仔犬だった頃
公私ともにお世話になっている
田島照久さんが撮影してくださいました。
この頃まだ生後半年くらい。
おすわり、と、マテ、を教えてるところです。
この写真が大好きで、毎日眺めています
小さな背中と、転がったボールが愛おしい。

2016/11/14 ユ

わたしが9歳の時、なぜか、突然思い立ち、「明日から3ヶ月間、早朝マラソンをする」と決めた。

それは真冬のことでした。

眠かろうが寒かろうが、その3ヶ月は頑張った。

そしてご褒美にと、父がこのお人形を買ってくれました。

名前は「こちこち」コチコチに硬いのでコチコチ…

コチコチ。38年間わたしと一緒にいます。

板谷由夏ちゃんちに行った、めいちゃん。
保護して最初の3日間だけは、一緒に暮らしました。
ハニタビと、めいは兄妹。
正しくはあと三匹…六つ子なのです！

2016/11/14 ユ

わたしの大好きな写真
朝粥を作る、いい女。
曇ったメガネ、そしてこの笑顔。
心を掴むわー、好きだわ！いつもありがとう。
ちなみに本人にちゃんと許可を取りました。

2016/11/14 ハ

今日もおかーさんに叱られた。
お箸を上手にくわえてぴょんぴょんしてたら叱られた。
ゆきちゃんの耳を噛んだら叱られた。
新聞を食べたら叱られた。
僕はもうどうしたらいいのかわからない

2016/11/17 ハ

ぼくはおこっている
おかーさんに
カレーパンをとられた。
ぼくがつかまえたカレーパン
ぼくがカバンから見つけ出したカレーパン。
しかもおかーさんにお尻を叩かれた。
すごくおこられた。
ふにおちない

2016/11/18 ユ

今日は一日中、慣れないロケでした。
たくさんの気遣い、ありがとうございました。
うちに帰ってきて、お風呂を沸かし、
動物たちにごはんをあげる。
今日も無事にすぎてゆく。
感謝です。

2016/11/19 ハ

ぼくは昨日おかーさんに叱られなかった。
雑誌とか本とかをぼろぼろにしたけど、
タオルもぼろぼろにしたけど
叱られなかった。
おかーさんはずっと「がいしゅつ」していた
からだ。
帰ってきてぼくに、お留守番ありがとうと
言った。
とてもいいひだった

さんぽですな。
はい。

おかーさん、
はにちゃんが悪いんじゃないんだ
はにちゃんは、ふつうより、どうしても
お腹がすいてるねこなんだ
はにちゃんの意思とはうらはらに、
雪ちゃんのごはんをたべちゃうんだ。
ぼくはそうおもうんだ。

2016/11/20 ユ

おはようございます
先日購入した、ヒグチユウコさんのクロッキー帳…
なんなんでしょうこの、吸引力。
ヒグチさんのギュスターヴ君の展示も本日まで。
あんな素晴らしい展示を無料で見られるなんて
信じられません！
今井昌代さんのお人形も、涙が出る可愛さなのです。

2016/11/20 ユ

良いお天気の日曜日。
なんでもない日曜日。
普通の日がわたしは一番好き
今日も笑顔で。

2016/11/21 タ+ビ

おかーさん
おなかすいた、
おかーさん熱があるの？
おかーさん起きて
おかーさん
おかーさんは辛い。

2016/11/21 ハ

ぼくはまたおかーさんに叱られた
おかーさんが大事にしてる、木のクリップを
つかまえてきて叱られた。
憧れの木のクリップ。
おかしの袋を開けたらこれで留めるんだ。
すごくかっこいい。
だけど
おかーさんに奪われた

なにを思ったか、雪を連れて青山のおしゃれな
服屋さんに行った…
昔からよくしてくださる、
若いファッションラバー（こんな風に言うのかな?）な皆さん。
雪と遊んでくれてありがと。
そしてわたしは、犬を連れて服を買いに行くのは、
いかがなものかと反省しました。おさわがせしました…。

2016/11/22 ハ

今日もおかーさんに叱られた
はちみつバターぱんのかけらに
噛み付いて、ガルルルと唸ったら叱られた
おかーさんの飲んでる豆乳がほしくて足に飛びかかったら叱られた
掃除機がこわくてわーわーいっていたら、頭を撫でられた
でも、ゴミ箱の中に頭を入れてたら叱られた

おかーさんが帰ってきた
お仕事から帰ってきた
いいこにしていたか、と聞かれた。
ぼくはいいこにしていた
あんなことや
あんなことやあんなこともしていない
ぜんぶ雪ちゃんがやったんだ

ぼくはもう、冬眠することにした
またおかーさんに、奪われた。
ぼくが見つけたぼくのレモンケーキ。
ぼくが見つけたのに
またお尻をたたかれて奪われた。
もう、ぼくはいやになった。
冬眠するから起こさないでください

ぼくは冬眠から覚めた。
おかーさんがおはようと言った。
冬眠から覚めたぼくは
以前のぼくとはひとあじ違います。
トースターの中にりんごパン
心の目で見えてます

2016/11/26 ユ

今日、行きつけの食品売り場で
いつも応援していますと本当に嬉しそうに伝えてくれた方、
ありがとうございます。
そんな風に言ってくださるけれど
私たちは、逆にそのパワーを受けて、日々仕事をしているのです。
パワーはぐるぐる、循環する。優しさも。愛情も。
全ては鏡なのです。これは
本当に本当にホント
そんなことを深く思う今日この頃です。

2016/11/27 ハ

ぼくのうしろに、パンがあるよね。
でも、ぼくは食べない
なぜなら冬眠から覚めて
ひとあじ違うぼくになったから。
…なぜハニオがこの
パンを食べないのか…理由は…
当ててください

パンのライトだからでーす
本物のパンでできてるんだよーっ
でも食べないぼくは偉い

2016/11/30 ハ

僕はみていました
きのうのにげはじ。
「運命の人なんかいない、
運命の人にするの」っていうのに
むねがあつくなりました。
おかーさんも反省して
運命の猫のことを考えて欲しいです

2016/11/30 ハ

運命の猫なのに
叱られた。

ビスク先輩のごはんに飛びかかって
ささみをくわえて走ったら叱られた。

たびちゃんは叱られてなかった。
ぼくだけ叱られた　ぼくはもう、
家出をすることにした。
家出したので探さないでください

2016 winter

2016/12/1 ユ

今朝起きて初めて見たもの。
……
これはもうストーカー

猫ストーカー　なまえ　ハニオ♂
年　齢　7ヶ月
体　重　かなり重い
鳴き声　ピキュー
特　技　パン発掘 争奪

お近くで見かけたらお気をつけください。

2016/12/1 ユ

たまにはタビにーちゃんと。

タビはハニオと双子（正しくは六つ子）なのですが
明らかに、おにいちゃん気質です。
あまったれなハニオをいつも、どこか心配そうに
見守っている。
でもまだ毎日わたしの手を吸ってる。
生後およそ7ヶ月目。
とにかくみんな健康で長生きしてほしい。わたしの願いはそれだけ。
いつもありがとね、タビ。

2016/12/1 ユ

ビスクはどこへいった、という方が多いので
ビスク先輩、
カメラがどうも嫌いみたいなんです…。
でも元気です。毛が伸びて、ますますフクロウに似てる。

土屋百合さん。
わたしの本名は百合子。
小さな頃から大抵の人は
「ゆりちゃん」とわたしを呼ぶ。
大人になるにつれ、
古くからの友人たちや家族以外からは
「ゆりこさん」と呼ばれるようになった。
だから、逃げ恥で、
スタッフの皆さんや
共演者の皆さんから
役名だけど、「百合ちゃん」と呼ばれるたびに
わたしは、どこかキュンとした気持ちでいたのです。

そんな日々も、飛ぶように終わっていく。
今は正に大詰め。
百合ちゃんとお別れ
さみしいなあ。

2016/12/3 夕

はにちゃんが黙っている
なにか考えている
また、おかーさんに
はにちゃんが叱られる。
また、パンとか、おたまをくすねたり
ビスク先輩のごはんに突進したり
するかもしれない。
ぼくはそれを
「そし」しなければならない。

2016/12/7 ユ

私の大好きなお宅に、ひっそりお邪魔した。
大好きなヒグチユウコさんのカーペットと、
偽ボリス（ヒグチユウコさんの猫くんはボリスという）
と戯れる。
ちなみに偽ボリスの本名は、
「しのぶ」。

おかーさんは
朝早くおしごとへいった。
猫缶をすこしとカリカリを
並盛りでぼくにくれた。
横目でみたけど
やはりたびちゃんのほうが
多い。
ぼくはもう頭にきた

2016/12/8 ユ

はに坊お利口にしていますか。
おかーさんは
ぢょゆうのお仕事をしていますよ。
おかーさんからお願いがあります。
ごはんを急いで食べて、
タビのごはんを横取りするのをやめなさいね。
いい子でね。

2016/12/8 ユ

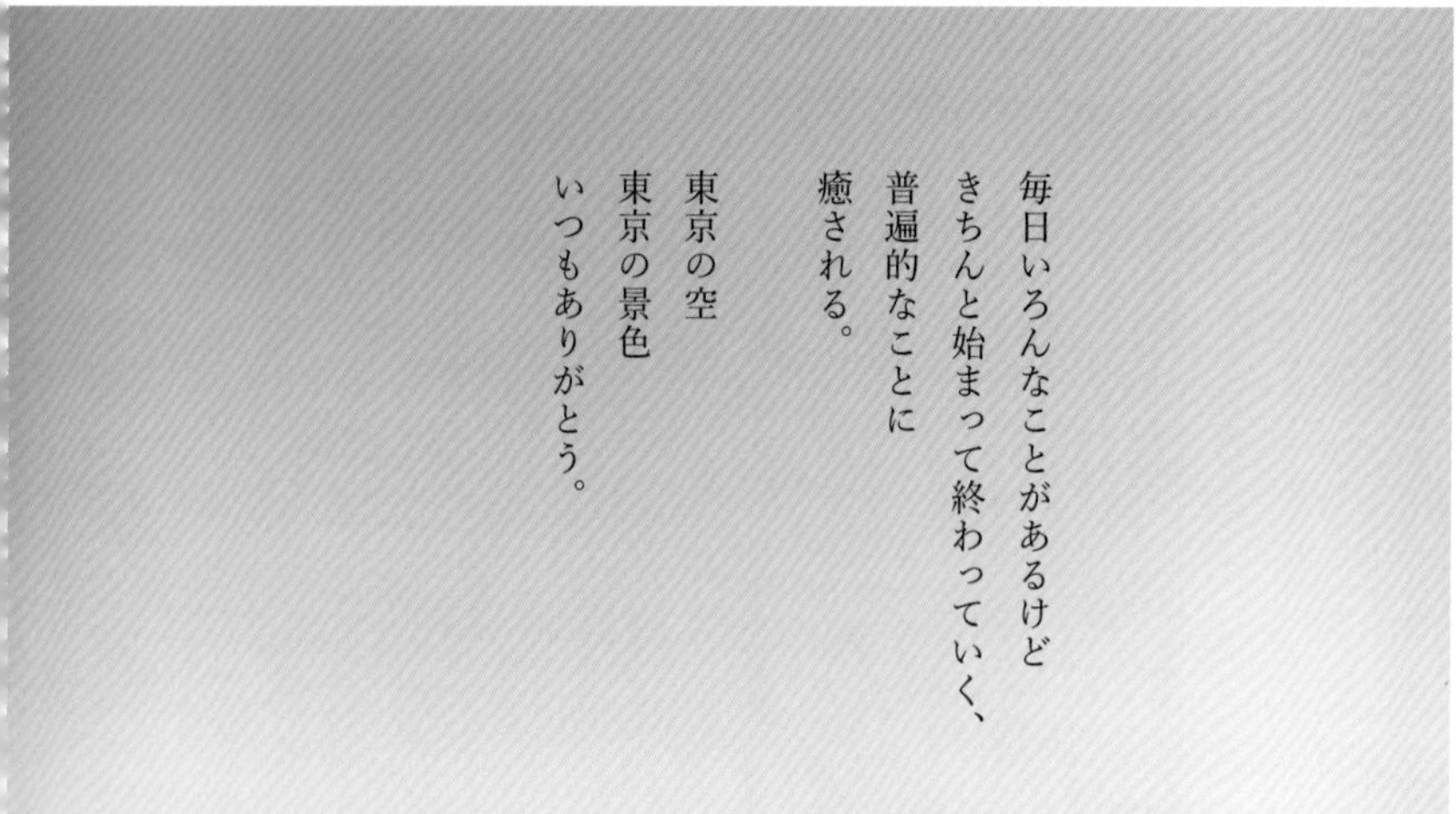

毎日いろんなことがあるけど
きちんと始まって終わっていく、
普遍的なことに
癒される。

東京の空
東京の景色
いつもありがとう。

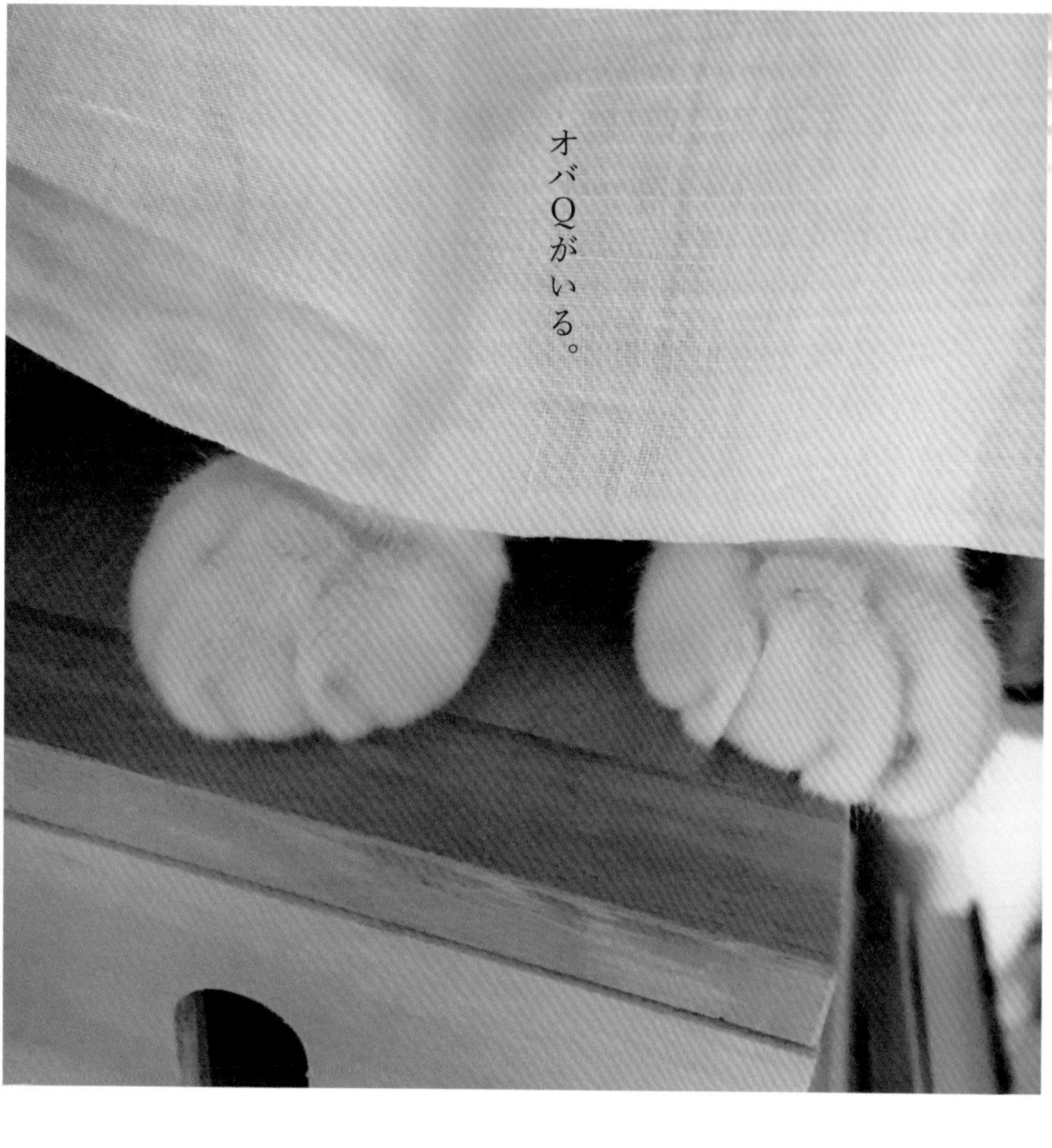
オバQがいる。

2016/12/9 ハ

ぼくは見張っている
猫缶の量
ささみのふんいき
ぼくにたくさんください
おかーさん、ぼくはいま起きたばかり
めやにがついてるけど
これもぼく

おかーさんはソファで朝までねちゃった。
そういうのってあこがれる

歌の練習
「いーつーーもーおもーいだーしてー
ぼくがここにいーるーこーとー
ささみの数がすくーなーいこーとー」

2016/12/11 ハ

おかーさんおかえり。
たびちゃんより先に
たびちゃんより多く
ささみをください。
ぼくにたくさんください
たびちゃんのいないうちに
こっそりください

2016/12/11 ハ

ぼくは負けてない
たびちゃんが突然飛びかかってきたんだ
ぼくは平和主義者なのに
たびちゃんが、
たびちゃんが
たびちゃんが…
このお魚はもう
たびちゃんには使わせない

2016/12/12 ユ

毎日毎日
こうやって起こされる…
きょうも良い天気。
百合ちゃん本日オールアップ。
名残惜しい
愛おしい役でした
感謝。
ではラストデイ、行ってきます。

2016/12/12 ハ

おかーさんいないけど
たぶん
ぢょゆうの日だな
ぼくはしってる
おかーさんは
ぼくのカリカリやささみを買うために
ぢょゆうをやっている

2016/12/13 ユ

ドラマの撮影終わったし
好きなだけ寝ようと思い目覚ましかけずに寝た翌朝
やはりいつもの時間に
起きろ起きろといわれた。

ハニタビ、
きみたちはいつまで指を　ちゅうちゅうするんだい？
一生なのか？
一生なのか？

2016/12/13 ハ

きょうは火曜日だから
にげはじの日だな

指をちゅうちゅうして
ごはんたべて
おひるねして
豆乳クッキーたべて
ごはんたべて
また寝て
ごはんたべて
テレビの前で待つよてい

2016/12/13 ユ

忙しかったので、雪を訓練士さんに預けていた
訓練士の稲尾さんは
先代の花のときから15年ほどずーっとお世話になっている。
雪は稲尾さんが大好き。
そしてここで会える
犬の仲間が大好き。
さてひさびさの我が家へ帰りますよ。
ハニオまた忘れてたりして…
雪のこと。

真夜中にぼくは思い出した
豆乳びすけっとがあと一枚しかない
たびちゃんはまだ気がついてない
雪ちゃんは最初から知らない
ビスク先輩はたぶん気がついてない
おかーさんは…

2016/12/15 ユ

今日は母の誕生日　母の写真を載せたいけど
怒られるので
なぜか私の子供の頃の写真。
たぶん5歳くらいの私。
側で見守る父。

産んでくれて
育ててくれて
元気でいてくれて
ありがとうございます。
ずっとげんきで。
たのしく。
お母様へ。百合子より。

おかーさんがかえってきた
いろんなお仕事をしてきた
ぼくはおりこうにしていた。
おかーさんのお花を食べたりしてないし
だいじなお仕事の「かみ」を
びりびりにもしていない。
雪ちゃんがやった

ずるいとおもいます
叱られてそういう顔するの
ずるいとおもいます…
きみたち元気すぎ
いたずらしすぎ。
おかーさんは途方に暮れています。

2016/12/18 ユ

巻物がないと生きていけない。
肌触りのいいたっぷりした巻物を
ぐるぐる首の周りに巻きつける。
それだけで安心する。
幸せな気持ちになる。

2016/12/18 ユ

わたしが仕事に行くとき、雪はいつもこういう顔をして
見送る…
すぐ帰って来るからね、
という嘘も、完全に見抜かれている。
すぐ帰るから。まっててね。
いつもありがとう、雪。

2016/12/19 ハ

ねえ、たびちゃん
おかーさん、 朝出かけてから、
かえってこないね
長いお仕事だね
もしかしたら
ぢょゆうのお仕事で
怒られてるのかもしれないね。
ぼくたちのために
怒られてるのかもしれないね。
かえってきたら
優しくしてあげようね
ぼくたちの豆乳びすけっと
2枚あげようね

2016/12/19 ユ

はに坊
お留守番ありがとう。
みんなでお利口にしてたのかな。
まさかとは思うけど
おかーさんがこれから読もうとしてた「ざっし」を
びりびりにしたのは、はにちゃんかな
おかーさんの、まだまだ新品同様のお洋服に
がりがりしたのは
はにちゃんかな
ちがうよね
おかーさん今日は疲れたわ。

2016/12/20 ハ

おかーさんは疲れてる
おかーさんは、ヘトヘトだ
ぼくがおりこうにしていれば
おかーさんは疲れない
今日からぼくは
たびちゃんのささみを横取りするのやめる

2016/12/20 ユ

お散歩のついでにお買い物。
ご機嫌な雪
師走はなぜこんなに
気持ちがセカセカしてしまうのか…
深呼吸してゆったり過ごしたい…。

2016/12/23 ユ

今日も無事に終わってゆく…
近頃の、いえ、実のところここ数ヶ月のわたしの悩み…
ハニオとタビが、キッチンの調理台に上がることと、
食べ物への執着がすごいこと。
仔猫だから、元気だから、
野生の子だから…
さまざまな理由はあれど、
キッチンの調理台に上がるのは
わたしはどーしてもいやなのです。
登るたびに、持ち上げてどかしてきましたが…
毎日毎日、いったいい何回この子たちを持ち上げているのか。
そうとうな運動量だと思います
どんなにダメと言っても、神妙な顔をするだけで数分いや数秒で元どおり
キッチンの扉を開けたり閉めたりするのも本当はしたくない。

いままでキッチンに登る子はいなかったので、わたしはほんとに悩んでいるのです…
やはり野生の子だからなんでしょうか。
絶対登って欲しくないのですがどうしたらいいのでしょう
どなたか経験者の方
ご指導ください！ふぅぅ〜。

さっきおかしなことがあった。
キッチンの台の上に　ペタペタしたのが貼ってあった。
おかーさんがニヤニヤしながら
貼っていた
ぼくはそんなの気にしない
ゆきちゃんが、いたずらばかりするから
きっと、ゆきちゃんへのお仕置きだな
おかーさん今日は
クリスマスイブだよ

2016/12/24 ユ

今年もあっという間に、終わってゆく。
びっくりするほど
動物まみれな一年でした。
でもどこかで、本来の自分、
自分の本質と否が応でも向き合わざるを得なかった一年でした。
最近、心の底から、ハッと気がついたことがあります。
疲れ、と、時間の関係。
休んでる時ほど疲れるのは
何故なんだろうと。
いえ、本気で楽しんで休暇を取っているならいいのです。
でもひたすらダラダラしていたり
ゴロゴロしてると
果てし無く疲れるんですよね。
やるべきことが追いかけて来て
情けないほど疲れてしまう。
今更いうことでもないけれど
集中すること

その瞬間を生きること
それができると脳は疲れないんですね。
なぜなら瞬間は永遠だからです。
そんなことを、深く感じる
２０１６年のクリスマスイブでした。
集中して、その瞬間を生きることのできる人になりたいと
心から思います。

2016/12/26 ユ

師走…
なぜに慌ただしいのか。
年内にやらなければいけないこと、
やるべきことに追いかけられる師走。
でもこの慌ただしさが好きだと
おっしゃる方々もいます。
慌ただしければ慌ただしいほど、
除夜の鐘の静けさが身にしみるそうです。
なるほど。
ここ数ヶ月、肝に銘じてること。
眉間を寄せないこと。
ここはチャクラがあるともいわれる場所で
女の人は特にここから幸運を引き寄せる…と私も実感的に思います。
不思議なことに
眉間をこうして開いた状態で

後ろ向きなこと…たとえば
悪口とか、愚痴とか、なぜか言えないんですよ。
本当に不思議
愚痴らず。有言実行できるひとに
なりたいものです。

2016/12/27 ハ

あのさぁ
昨日の、ハニタビの合戦の動画だとさぁ、
ぼくが「やーん」と泣いて
たびちゃんに負けてるみたいに
みえるじゃん？
ぼくってあのあと、
キックしたりしてたびちゃんより
強いとこもあるのに
おかーさんが、あんなふうに
しちゃったから
ちょっと困ってるんだよね
それに ここだけのはなし、
たびちゃんて足の裏が
へんなにおいしてたよ

2016/12/28 ユ

ハニオをすごい勢いで叱ったら
雪がわたしの顔をペロペロ舐めたり
おもちゃをわたしの手に乗せたり、
膝の上に乗ってきて甘えて来たりする

きっとわたしをなだめているのでしょう。雪、ありがとう。
ごめんね。おかーさん
落ち着いて一個ずつ対応する。
動物はほんとうに優しい。
はに坊も、怒られた直後はビクビクしていたけど
しばらくして手をちゅうちゅう吸いに来た
自己嫌悪とありがたさが同時に押し寄せる師走の午後。

2016/12/29 ユ

全部グレーだ。
グレー大好き
寒いです。

2016/12/30 ユ

この子は山口県のセンターからきた女の子の仔犬。
穏やかで優しくて本当にいい子。
雅姫さんのお友達の
すばらしい家族の子になります！
本当に良かった。
みんな嬉しくて涙目になりました。
インスタ通して知り合い、やっとお会いできた雅姫さん。
素敵な方です
たくさんの犬猫と触れ合い
感じたこと。
この子たちにあたたかい家族が、
安住のおうちが見つかりますように、ということはもちろん、
この子たちはみんな、
危機一髪で救われた命だということです。
仔犬や仔猫たちを捕まえては命の期限をつけるよりも

去勢、不妊の手術を徹底して
できるだけ数を増やさないこと。
それを徹底することのほうが
どれだけ大切で
建設的か
どんな人が考えてもわかると思います。
日々努力されている方々は
沢山いらっしゃいます。
わたしも勉強します。

この本の編集者 こば編さんの家族になった福ちゃん

2016/12/31 ハ

あけましておめでとうございます。
新しい年がやってきました。
さくねんぼくは
あかちゃんのとき
お城から連れ去られて
おかーさんに誘拐されまして
ここにきました
ここはびすけっとも
まんぞくにもらえないところですし
おかーさんはすぐに
ぼくを叱りますしどうかとおもいますけど
ぼくは…
え??まだ、お正月じゃないの?
あした?

2016/12/31 ユ

大晦日。
いつも同じことを思う。
この、街中を掃き掃除したかのような清潔感は
日本の美徳だな、と。
時間は繋がっていて
あしたからいきなりいろんなことが
変わるわけではないけど
でも、切り口は新しく
新鮮な気持ちで頑張ります。
来年もよろしくお願い致します。
石田ゆり子

2016年の日々を思い返すと、不思議な気持ちになる。
仕事は忙しかったけれど、ハニオとタビに出会うまでの私は
なんだかいつも心にうっすらと悲しみが宿っていた。
元気なふりをしていたけれど、その薄くかかったような雲は
なかなか晴れずにいた。当時一緒に暮らしていた猫一家が
たて続けに亡くなり、寿命だったのだけどやはり
心にぽっかりと穴が空いていたことは否定できない。
それでも、ゴールデンレトリバーの雪がいて、猫のビスクもいたので
二匹と一人で楽しく暮らしているつもりだった。

これ以上動物を飼うことなんて、正直考えられなかった。
もう増やすことはやめて、心に余裕を持ってゆったり暮らそう…大人らしく、
なんて思っていた。
なのに、なのにである。

いや、私のことをよく知っている家族や友人達は、やっぱりねぇ、そうなると思っていたよ
さすがユリコだねと笑う。
私自身も、そうだった、これが私だったと本来の自分に気がついたというような気持ち。

ゆりこー見て！すっごい可愛いよ。六匹もいるよ！

あの時、
そんなメッセージが、ピロンという音と共に流れてきた。
添付された写真にはまだ乳飲み仔の、目が開いたばかりと思える仔猫たち。
メッセージの送り主は親友の板谷由夏。彼女の撮影現場のごく近くで
この子たちを見つけ、スタッフのみんなで保護していた。
聞けば、母猫は、撮影隊の物音に驚いて、この子たちを置いて
どこかに行ってしまったらしい。

小雨降る肌寒い日だった。

仔猫の命がいかに危ういかは経験上知っている。

子供の頃、私は、無知のあまりに保護した仔猫の命を助けられなかった経験をしている。

その経験が私をいつも、掻き立てる。

その子たちどうするの？大丈夫なの？あ、みんなで引き取るのね。よかった。

え？三匹決まってないの？とにかくそこに行きます。場所はどこ？


救命救急なみのスピードで私は現地へ向かった。

お節介と言われようが、なんと言われようが、いま困っている動物がいて、私が役に立つのであれば「今行きます！」と突撃する。私という人間はいつも、そうなのだ……

仔猫たちをピックアップし
すぐさま向かったのは、いつもお世話になっている動物病院だった。
かくかくしかじかと事情を説明し、基礎的な検査をひととおりしていただく。
動物を保護した時、私は出来る限り、とにかくまずは動物病院に直行する。
万が一病気を持っていた場合、自宅にいる子たちへの影響も、考えなければいけないしその時にするべきベストな方法をどんな時でも知っておくべきだと思っているので。
幸い、三匹とも健康で、まるで毛玉の小さなボールのように
くっついてすやすやと眠っている。

その三匹が、現在のハニオとタビ、後に板谷由夏のうちの子になるメイである。

そこから始まる、ミルクにまみれた日々は、この本に書かれている通りである。

どんなに疲れていても、眠る時間がなくても、自分のことなんて何もできなくても
私は幸せだった。3時間おきのミルク、排泄の世話。
生きているのか、寒くはないか、おしっこ、うんちがちゃんと出ているか
少しずつ体重が増えているのか。
こんな日々は、冗談ぬきに自分のことはほぼ何もできない。
つくづく、この時期がしばしの期間の休みの時期だったことに運命を感じる。
もしもなんらかの作品の撮影に入っていたら

私は絶対にこの子たちを育てることはできなかった。

ちゅうちゅうと指やら顔やらを吸われながら、あまりの睡魔に一緒に眠ってしまうことはしょっちゅうだった。ハッと目覚めると仔猫たちは私の顔の上ですやすやと眠っている。お母さんって偉いなあ。こんなに大変な日々を当たり前のようにこなして行くんだもの。心からそう思った。

幸せに色があるとしたら、
それはきっとミルク色。

このころの私の生活はまさに、ミルク色に染まっていた。
当時の私の心の奥にいつもあった、うっすらとした寂しくて悲しい気持ちは仔猫たちが放つ命の輝き、生きるパワーによって完全に消えていた。
わんぱくでも、悪戯でも
部屋をぐちゃぐちゃにしたって、そんなの全然、いいんです。

ご飯を沢山食べて、よく寝てよく遊んで、幸せでいてほしい。
私が望むことは本当にそれだけ。
私と一緒にいてくれてありがとう。
そして日々は、続いてゆくのです。

2017/1/1 ユ

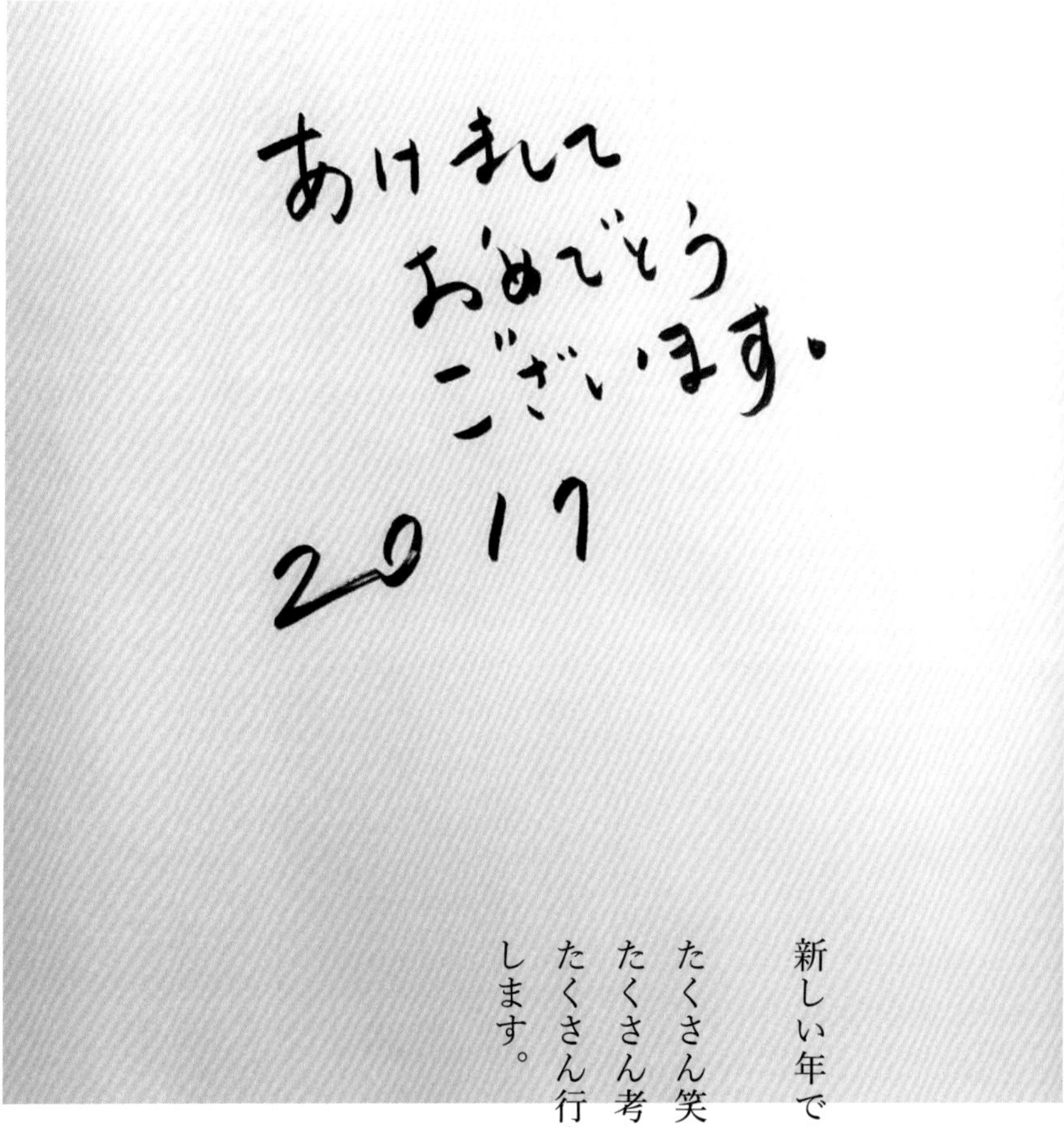

新しい年です。
たくさん笑って
たくさん考えて
たくさん行動する一年に
します。

2017/1/1 ハ

たびちゃん、
たぶんまだ新しい年じゃないよ
きのうまちがえたから、
たぶんまだだよ
おかーさんもダラダラしてるし
まだ新しい年っぽくないよ
明日からだとぼくは思うな、
あたらしいとし。
まだダラダラしてようよ

2017/1/1 タ+ハ

はにちゃん、なんか外からお正月の匂いがしてるけど
もしかしてもう新しい年なんじゃ…
たびちゃん、なにいってんの
まだだよ
お正月ってもっとシャキッとしてるんでしょ。
こんなにダラダラなんだからお正月じゃないよ

わたくしはビスク先輩。
わたくしは知っている
おかーさんは昨日から
鼻風邪をひいている。
くしゃみを１００回くらい
連発していた。
わたくしは知っている
今日から酉年
とりどし
ささみイヤーだ。
この一年ささみがどれだけ食べられるのか
気がかりだ。
年長者のわたしに
多くください。

2017/1/1 ユ

毎年恒例の、鏡餅の被り物は
先代犬の花の時から受け継がれております。
（写真を撮ってすぐ脱がせました！）
鏡餅の可愛いお供え物は木製。
瑞恵《たまえ》ちゃんありがとう
あけましておめでとうございます。

※ヘアメイクアップアーティストの岡野瑞恵さん

2017/1/1 ハ

たびちゃん、大変だ
お正月、始まってた
しゃきっとして!!
ことしもよろしくお願いします
ハニタビより

2017/1/1 ユ

豚肉の塊を
りんごとイチジクと出汁と
調味料で煮込みました…
びっくりするほど柔らかくて美味しい。果物の力。
出汁のちから。

2017/1/2 ユ

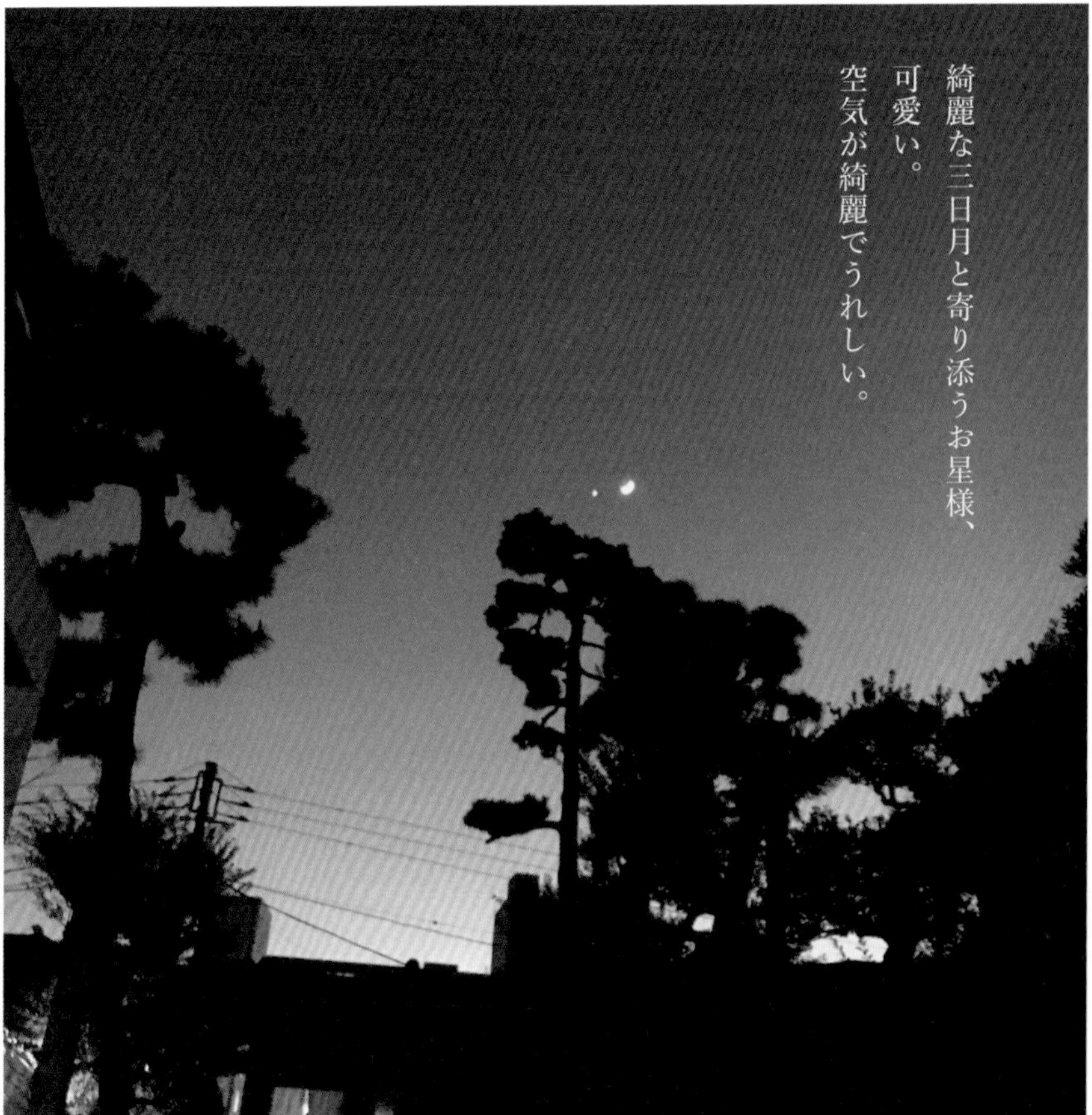

綺麗な三日月と寄り添うお星様、
可愛い。
空気が綺麗でうれしい。

2017/1/2 ユ

大好きなおうちでお正月のごちそうを頂く。
美しくすてきなごちそう。
しあわせ。

2017/1/2 ユ

お正月のしつらい。
心がしゃんとします。

2017/1/3 ハ

はつゆめ。
僕が王子様だった頃
ライオンのお父さんが
言った。
ハニオ王子、食べたい時に
食べたいだけ
ささみを食べるがよい。
くっきーも
ビスケットも
食べたいだけ食べるがよい

2017/1/3 ユ

氏神様にお参り。
よいお天気。
本年もよろしくお願い致します。
光がわたしと、雪にも、差してる。
うれしいな。

2017/1/3 ユ

ぐるっと長〜いお散歩。
いつものカフェでひとやすみ。
いろんな人が雪に声をかけてくれます。
小さな子供達が雪に触りたがってるときは
わたしは積極的に「触ってみて」と
勧めます。
動物のあたたかさ、やさしさ、
温もりを、感じて欲しいんです。
わたしも小さな頃からそうやって
動物に触れて来ました。
もちろん安全には万全を期して
触らせていますのでご安心を。

日常が戻ってくるということ。
それは
ひたすら、蜂蜜色の男のことを
叱り続けるということ。
さいきんは叱られたハニオを
タビが走り寄って、なぐさめる現場によく遭遇しています。
タビが叱られてもハニオは
爆睡…。

2017/1/4 ユ

じゃーん。

…ビスク…ライオンカットにするとどうも、すごく
ご機嫌なのはなぜなのか。ずっとゴロゴロ言ってます。

2017/1/4 ハ

きょうはびっくりしたことがあった。
ビスク先輩がおかーさんとお出かけしたけど、
帰ってきたのは、顔がまんまるのリスみたいな子だった。
ビスク先輩はいまだ帰ってきていない。
おかーさんは平気な顔で昼寝していた。
ビスク先輩のことがぼくはしんぱいでたまらない。
あのりすみたいなこは
はやく自分のお家に帰ればいいのに、まだ
オーブンとーすたーの上に偉そうにしている

2017/1/5 ハ

おかーさん
りすみたいなこ
まだいるけど、どーすんのよ
あとさ
気がついてないかもしれないけど
ビスク先輩まだ帰ってきてないよ
ささみが少ないから
家出したんじゃない？
どーすんのよ

2017/1/5 ハ

おかーさん！
ほら、まだいるでしょ！
帰ってもらったほうがいいんじゃない？
ぼくのささみ、りすみたいなこに
分けてあげるの？

どーなってんのよ

あっ、あのさあ
もうさぁ
じぶんのおうちに
帰ったほうが…いいんじゃない？
あっあのさ
ぼくんち
せんぱいもまだ帰ってきてなくて
しんぱいしてるんだよね
リスさんちの
おかーさんもきっと
しんぱい…してるんじゃ…

りすさん、あのさぁ
りすさんちは、ここから近いの？
おうちの皆さん心配してないの？
えっ、おかーさんぢょゆうなの？
家族は、大きな犬と2匹の猫？
りすさん、
偶然にもほどがあるけど
ぼくとおんなじだ。
うちのおかーさんもぢょゆうだよ。
まあ、かけだしのぢょゆうだけど。
ビスク先輩かえってこないな。
「りゅうがく」したかもな

2017/1/6 ハ

ちょっとおかーさん。
りすさんちのおかーさんも
ぢょゆうなんだってよ!!
あと猫と犬が家族だってよ
ゆきちゃんはなんでそんなに
のほほんとしてるのよ！
心を落ち着けたいから
豆乳くっきーかささみ、
ちょっとだけちょうだい

えっ
りすさんちのおかーさん
「いしだゆりこ」なの？
ぼくんちのおかーさんは
「ぼくたちのおかーさん」
ていう名前だよ。
いしだゆりこ、へんななまえだね

2017/1/6 ユ

最近…というかインスタを初めて、
感じることがある。
SNSは人を繋ぐ。ゆるゆるとした、細い糸のようなものが、
横広がりに伸びていく。
それはすばらしいこと。
だけど、同時に、
自分の目の前のこと、
今ここで起こってることを
見逃す時がある。
人はそんなに器用ではなくて
1日に出来ることも限られている。
だけど、この便利な時代、
どこか、自分のキャパを超えた予定を立ててしまったり
おこがましく、色んなことが出来るような気がしてしまう。
そんなことをすごく感じる。
わたしは器用ではないし
1日に出来ることは

2つか3つの用事をこなす
ことだけです。
あとは日常。
日常を大切にしたい。
なんでもない時間を。

2017/1/7 ハ

りすさんさぁ…　もう、うちの子になったら？
そのいしだゆりこってひと、
あんまり良さそうじゃないし…
りすさんのこと探してない
雰囲気じゃない？
ぼくが
うちのおかーさんにいってあげるから
うちの子になったらいいよ…
ビスケットもささみも
少なめだけど、ぼくのを少しわけてあげてもいいよ

2017/1/7 ハ

あのさ…
おかーさん
りすさんなんだけど
うちの子にしてあげたら?
ビスク先輩留学したみたいだし。
りすさんのおかーさん
りすさんを探してないみたいだし
ぼくの弟としてさ。
りすさんを

2017/1/8 ユ

今日は成人式。
わたしが20歳だったのはもう、27年も前のこと。
ふと思い立って
その頃の写真を探してみた。
ハタチ…の頃のはなかなか無くて
これはたぶん23くらいなのではないかと思う。
この頃のわたしは自分がどうしたいのか、実のところよくわかっていなかった。
自分に与えられたことを必死でこなす。
それに満足できないから、次を頑張ろう、と思う。
その繰り返しで今日までやってきたような気がします。
新成人のみなさん。
おめでとうございます。

大人になるっていいことだよ。
責任がないところに自由はない。
一緒に頑張りましょう。
大人の日々を。

うちのおかーさんが
床で居眠りしちゃったので
お知らせ遅くなりました。

えー、
ぼくんちに
新しくきたぼくの弟です。
りすさんです。
いろんなことをぼくが教えます。
ふつつかものですけど
すえながくよろしくおねがいします

りすさん、りすさんに仕事をおしえるよ。
おかーさんに、ささみちょうだい、できたら
豆乳クッキーつけてって
言ってくるんだよ。
たびちゃんとりすさんは少なめに
そのぶん、はに坊に多めに、って言うんだよ。
いま、言ってきてくれる？
ぼくカーテンの陰でみててあげるから

2017/1/8 ハ

おかーさんに叱られた
調子に乗るなと叱られた
ビスケットも
ささみも
みんな同じ量ですと言われた
あと
りすさんの顔をよくみてみなさいと言われた。
いみがわからない
せちがらいよのなかだ

2017/1/8 ユ

怒られてばかりのハニオですが
赤ちゃんの頃はこんなに…
天使のようでした。
いや、いまも、天使の…よう
…ですけど…。

2017/1/9 ハ

りすさんが
いうことを聞かない
おかーさんも
ぼくよりりすさんに
一目置いている
ぼくがお兄さんなのに
りすさんは弟なのに…

ささみも少なめで
猫缶に至っては
ほんの小さじ2杯
あとはぼくのあまり好きじゃない
カリカリ。
よのなかって
おもうようにいかないもの
ですね

2017/1/9 ユ

たびにーちゃん。
双子なのにおにいちゃん。
それは、とても勇気があるから
優しいから
お兄ちゃん気質だから。
たび、おかーさんは
君をとても頼りにしているよ。
はに坊、いつ気がつくかねぇ
りすさんのこと。

ぼくは見張っている
ささみの雰囲気
びすけっとのゆくえ
猫缶の影
おかーさんは
みんな平等というけれど
手元がくるって
りすさんに多いように見える
あと、話は飛ぶけど
ぼくは
先日まいくろちっぷを
いれました。
そこんとこ夜露四苦

2017/1/12 ハ

ささみの歌うたいます

ぼくがここーにいるーこーとー
ささみがいつもたりーないこーとー
ねこかんもーたりなーいーよー
いーつーもー
おもーいだしてー

2017/1/12 ユ

ささみの歌、間奏部分
ハニオ、キメ顔で動かず。

2017/1/14 ハ

びすく先輩
いまどちらにいらっしゃいますか
ぼくは、まいにち、
この家のリーダーとして
たびちゃんのしつけや、
あたらしくきた、
りすさんという弟猫の世話に
あけくれています。
おかーさんからも
「いちもく」か「にもく」
おかれています。

雪ちゃんは体が大きいけど
ボールで遊んでばかりで
子供だなとおもっています。
せんぱい、お手紙くらい書きなさいよ。
ごはんはたべてますか。
ささみの量はどうですか。
こちらは
まあ、ぼくだけは特別なささみを
もらっています。
はに坊より

昨日のよる
きっちんに、かみさまがあらわれた。
白いぬのを巻いて静かなおかお。
「はにぼう、そなたの願いをききいれてやるぞ。
そなたが落としたのは
大きなささみ、
小さなささみ
どちらだね。」
つづく

2017/1/15 ハ

ぼくは言った

かみさま、ぼくは
大きなささみを
たくさん落としました
あと、
おかーさんが棚の中にかくしてる
ビスケットと
れいぞうこのなかにある
ヨーグルトも落としました
たびちゃんも落としたと言っています
ゆきちゃんも落としました
ぼくが拾って来るように
おかーさんに言われました

2017/1/15 ハ

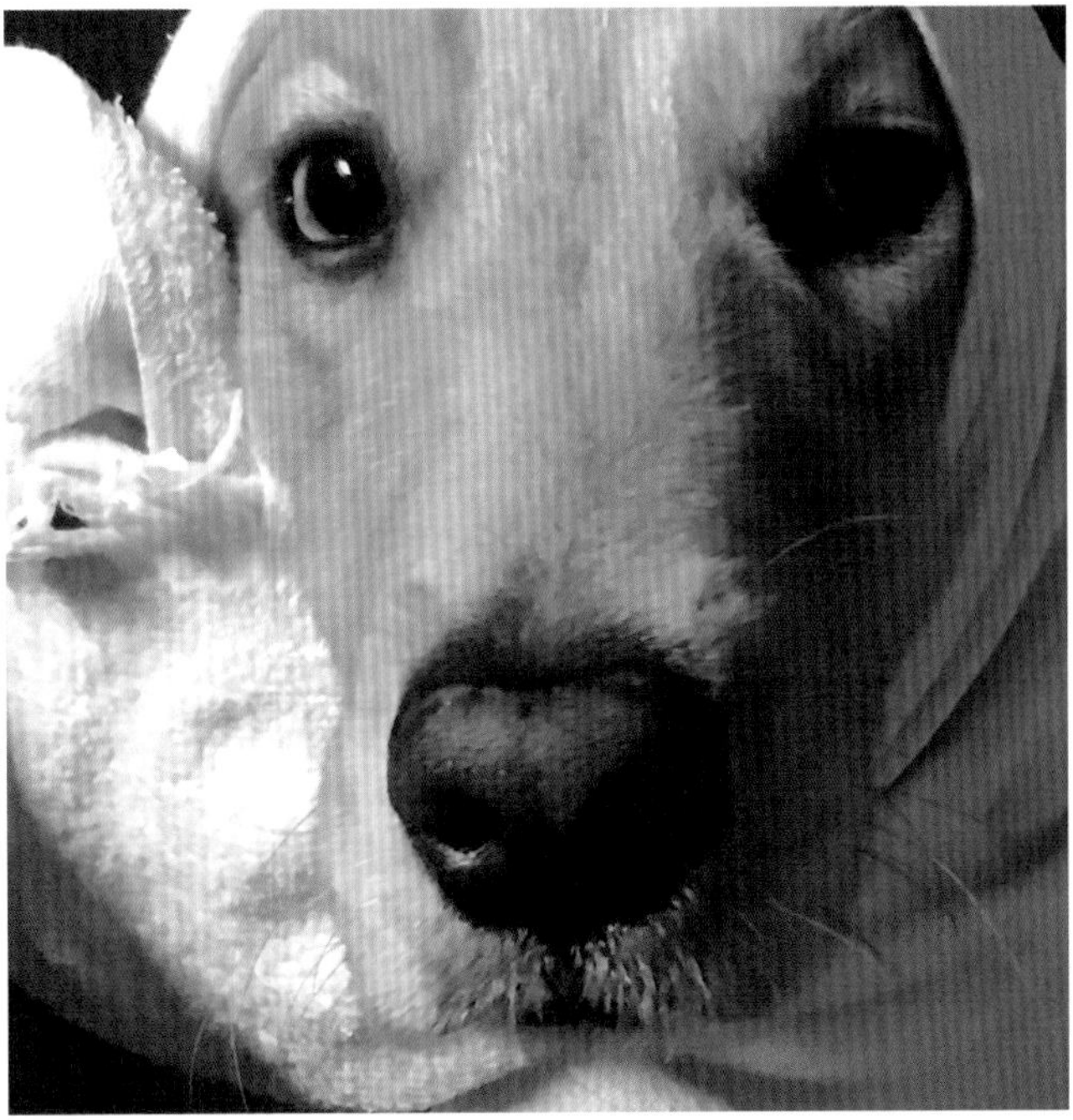

そんなに落としたのか、はにお
では今後はおとさないように
布のバッグをそなたにあげよう。
かみさまはリビングに歩いていかれた。
びすくせんぱい、
世の中っておもうようにいかないものですね

2017/1/17 ハ

ねえたびちゃん
おかーさんてさぁ、
こういう、サンゴとかさあ
こんなとこに置いてさぁ、
なに考えてるんだろうね
だいたいこの家には
ぼくのたべるものはないのに
おかーさんのものは
やまほどあって
どうかと思うな。
さんごより、ささみのほうが
すてきなのに

猫として生まれ
リスとして生きる
そう
わたしはビスク先輩。
またの名をりすさん。

わたしが黙っているのは
はに坊に
世の中にはいろんなことがある、
というのを教えるため。
が、しかし
わたくし
そろそろ
ビスク先輩にもどりつつあります。
りすさんとして
生きるのにも限界があります。
はい。

2017/1/25 ハ

たびちゃんが
風邪をひいた
ぼくの風邪がうつった
ぼくは
りすさんの風邪がうつった
りすさんの風邪はどこからきたのか
わからないけど
おかーさんから
うつったかもしれない
たびちゃん
鼻が詰まってかわいそう
くしゃみ連発してる
おかーさんが
病院に連れていくって。

かえりに
なんかいつもと違うおやつ
買ってきてね

おかーさんは
たびちゃんを病院に連れて行った。
たびちゃんは
ちゅうしゃをされて帰ってきた。
くしゃみも前より減っていた。
ぼくは
とてもおりこうに
るすばんをしていた。
なのに
おかーさんは
おみやげを忘れた。

世の中ってままならぬものですね

2017/1/26 ハ

朝起きたら、たびちゃんがいない。
おかーさんに聞いたら
にゅういんしたって。
こきゅう、が苦しいから
「こうのうど」のお部屋に
いるんだって。
たびちゃんごめんね
ぼくのかぜ強力だったね
りすさんのかぜなんだけどね
そこは美味しい猫缶とか
でるの？
おやつはなんですか

2017/1/27 ハ

ぼくは
ささみをゆでたあとの、
「おだし」を飲んでいます。
最近おかーさんが
すこしだけくれるんです。
たびちゃん、
1人でにゅういんしてて
さみしくないかな、
ぼくの
ささみのおだし、たびちゃんにも
のませたいな

おかーさんが
また、たびちゃんのお見舞いに行った。
今日は一緒に帰ってくるよかんがしたけど
帰ってきたのは
おかーさんだけ
カバンの中にも
たびちゃんはいなかった。
おかーさん
せめてたびちゃんのぶんも
ぼくにささみをください

2017/1/30 ハ

たびちゃん
ぼくです
ぼくはたびちゃんがいなくて
食欲が、とまらないです。
たびちゃんがいないから
たびちゃんのぶんも食べて
パワーをおくっているからです。
ベッドも広すぎます
たびちゃんがいないと
こころに
ささみの哀愁かんじます。
はにおより

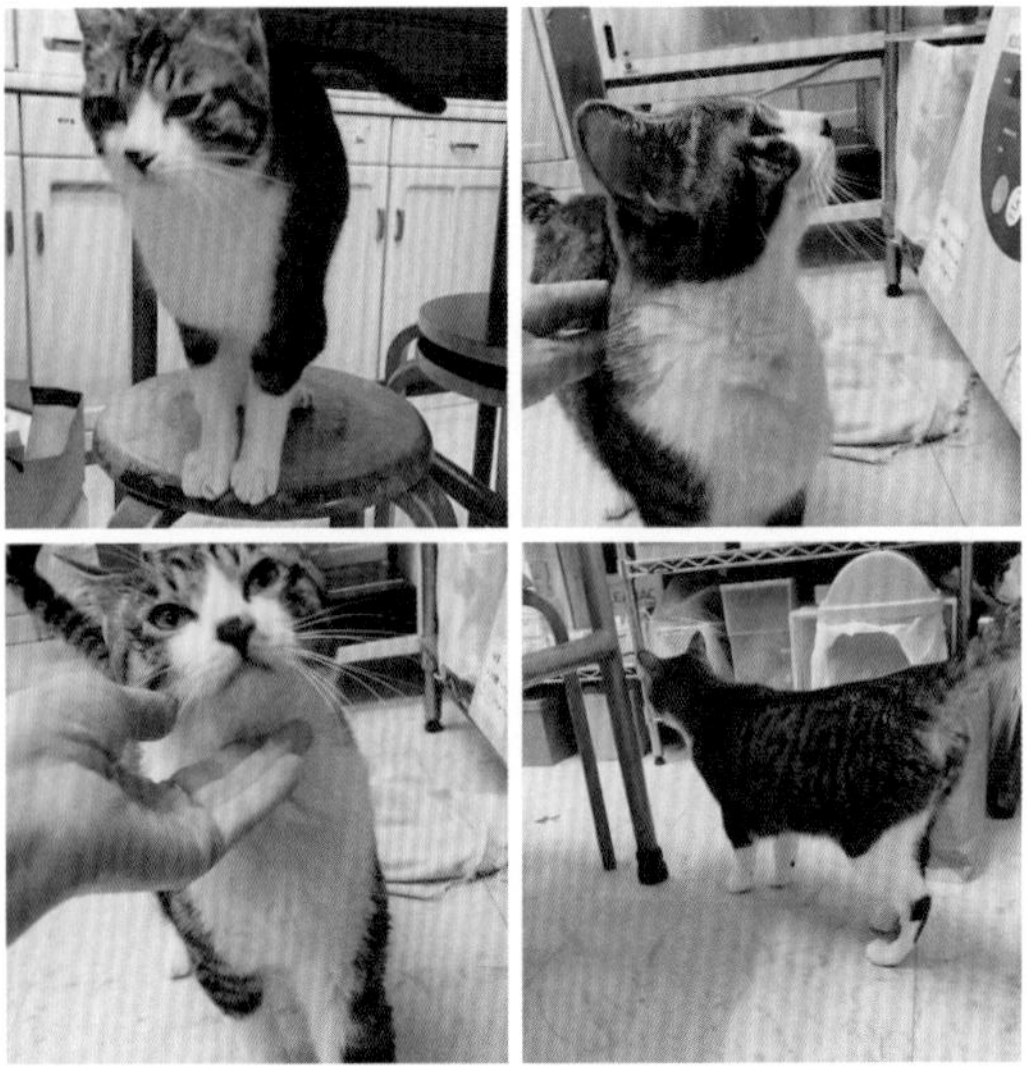

おかーさんがまた
たびちゃんのお見舞いにいった。
今日は、たびちゃんはすごく
いい感じになっていて
病院のなかをたんけんしていた
そうです！
もちろんおかーさんと先生の
監視付きですけど。
にゃーにゃーいいながら
じゃんぷもしたって！
ごはんもたくさん食べたって。
くしゃみとけつまくえんは
まだあるけど、
たびちゃん、いい感じになってます
みなさん
パワーをありがとう。
ぼくも苦労して
ささみをたべたのが
よかったと思っています

2017/1/30 ユ

眼鏡をなくした。
あのお気に入りのやつを。

あの眼鏡は
何度失くしても
どこからか
へへへ、と笑って出て来るような。
そんな子でした…
今回はどこを探しても出て来ません。
落としたのか。いや、そんなはずはない。
こういうとき、何か
自分の転換期なのでは、と
なーんとなく思うのは
気休めなのでしょうか。
ちなみに今かけてるのは

引き出しの奥から引っ張り出して来た眼鏡です。
めがねーは
かおーの
いちぶーです
という広告が昔ありましたね
いやほんと、そのとおりです。

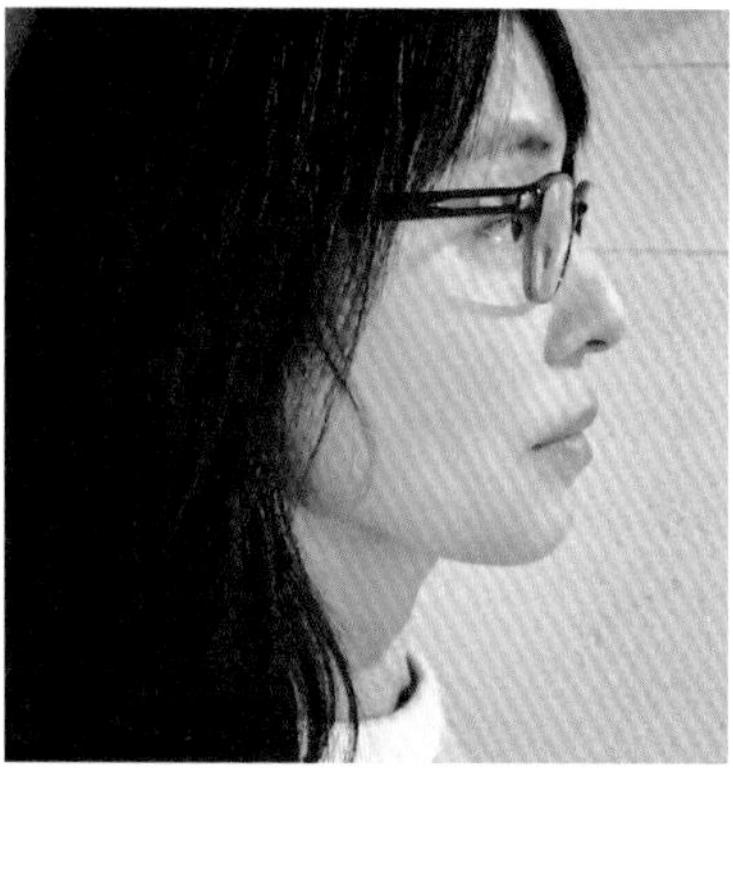

2017/1/31 ハ

はちみつ色だから、
ぼくは
ハニオという名前なんです。
ハニー男で
はにおなんです。
たびちゃんは
白足袋はいてるもようなので
たびちゃんです。
おかーさんは
かけだしのぢょゆうです
ぢょゆうを
しっかりやってほしいです

2017/2/4 ハ

ちょっとちょっと
おかーさん、びすく先輩帰ってきてない？
さっきふりかえったら
びすく先輩がいたの。
ちょっと
どこいってたのよ！
あれ
りすさんいないけど、
ちょっとどーなってんのよ

2017/2/4 ハ

タビちゃんだ!!
みんな大騒ぎ。

2017/2/5 ハ

きのうはあわただしい日だった。
りすさんの失踪、
ビスク先輩の帰還
そして
たびちゃんが、病院から帰ってきた。
ぼくは
この家のリーダーとして
おとこらしく
おでむかえをした。
たびちゃんが
いちもくさんに走ってきて
ぼくの顔にぺろぺろした。
ぼくはリーダーだから
しっかりと出迎えた

2017/2/5 ユ

赤ちゃんの頃のハニオ。
たった半年まえ、
こんなにチビでした
おおきくなったね。

タビもこんなでした。
みんな大きくなりました。
これからも元気で長生きしてね。

2017/2/10 ハ

おかーさん
ぼく、なんていう種類のねこ？
え、ざっしゅ？
アメショかとおもったけど、
でもまあ、けっこう
いいシマシマ出てるし
色もはちみつ色だし。
肉球の色もぴんくだし
目も二重だし
ぼくっていけてるよね。
ざっしゅ、すてきだよね。
おかーさんもざっしゅ？

おかーさん、
びすく先輩
どこに留学してたか知ってる?
何も言わないでひょっこり
帰ってきたよね
それでさぁ
りすさんどこに行ったと思う?
あんなにお世話したり
いきていく「すべ」とか
教えたのに
とつぜんかえったよね
きっとりすさんも、おうちが恋しく
なったんだね

2017/2/12 ユ

満月の美しい夜。
タクシーに乗れば10分の距離を
1時間かけてテクテク歩いて帰った。
日頃、車にばかり乗っているので、
時々こうして、ひたすら歩きたくなる。
鼻歌を歌いながら
いろんなことを考えながら。
お月様に照らされて
幸せな時間でした。
いつも見守ってくれて
ありがとう。

たびちゃんが
ぼくのくびねっこに
かみついています
だれかちゅういしてください。
このままでは「いきのね」が
止められてしまいます。
おかーさんて
ぼくのことばっかり叱るのに
たびちゃんがぼくに
タックルしたり
噛み付いたりすると
わらってよろこんでるんです。
ぼくはリーダーだし
たびちゃんの
リハビリになるならと
まけてあげているところです
つらいわぁ

2017/2/13 ハ

おかーさんおかえり。
ぼくはいいこにしていたよ
たびちゃんは
まああいいこだったよ
びすく先輩はずっとねてたよ。
なんだか「はる」の
においがすると、びすく先輩は言う。はるのにおいより
ささみのにおいがすきです

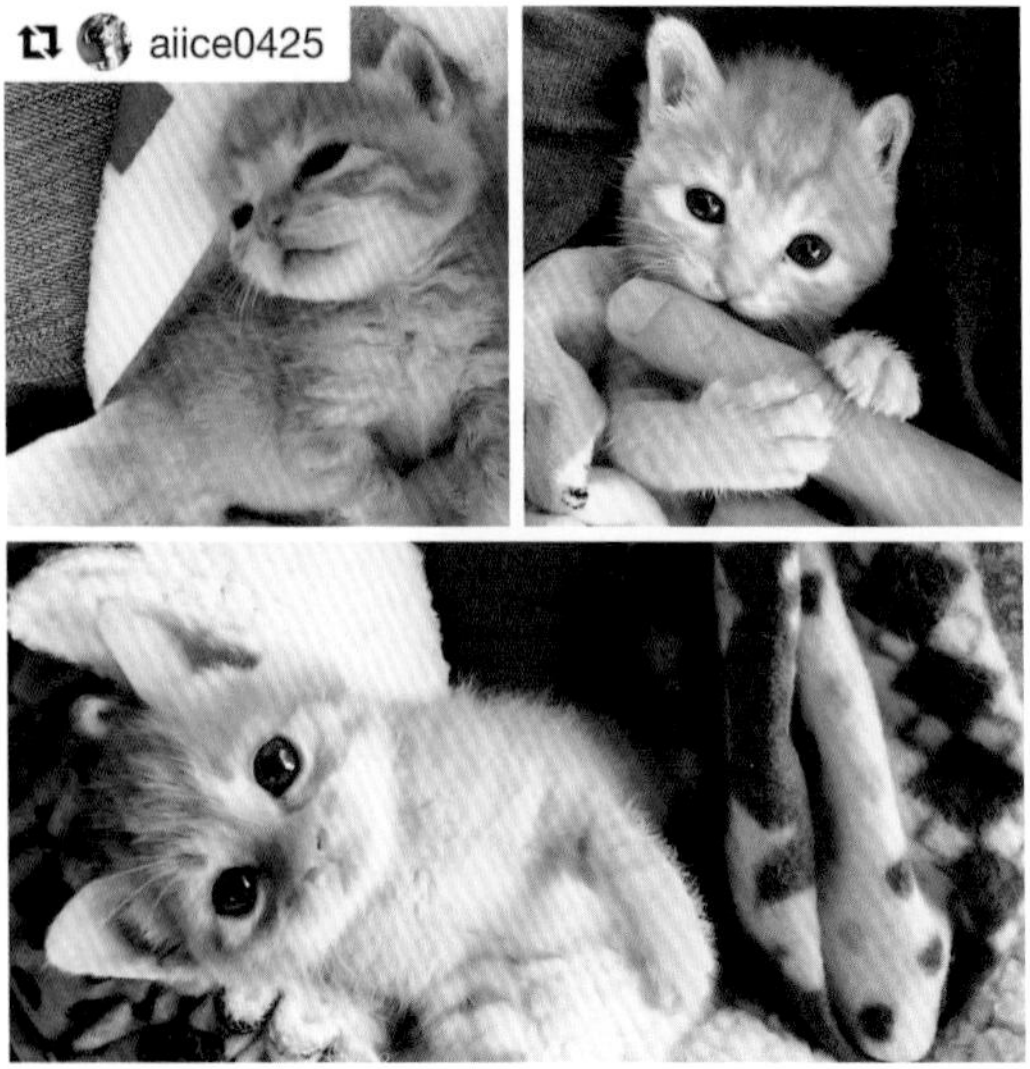

アリスちゃん、
ハニタビの兄妹です！
ついでに
板谷由夏ちゃんちの
メイちゃんもです！
六つ子なんです…！！！
みんなそれぞれ幸せにしていて、
本当に嬉しい。
アリスちゃん、なんて可愛い。

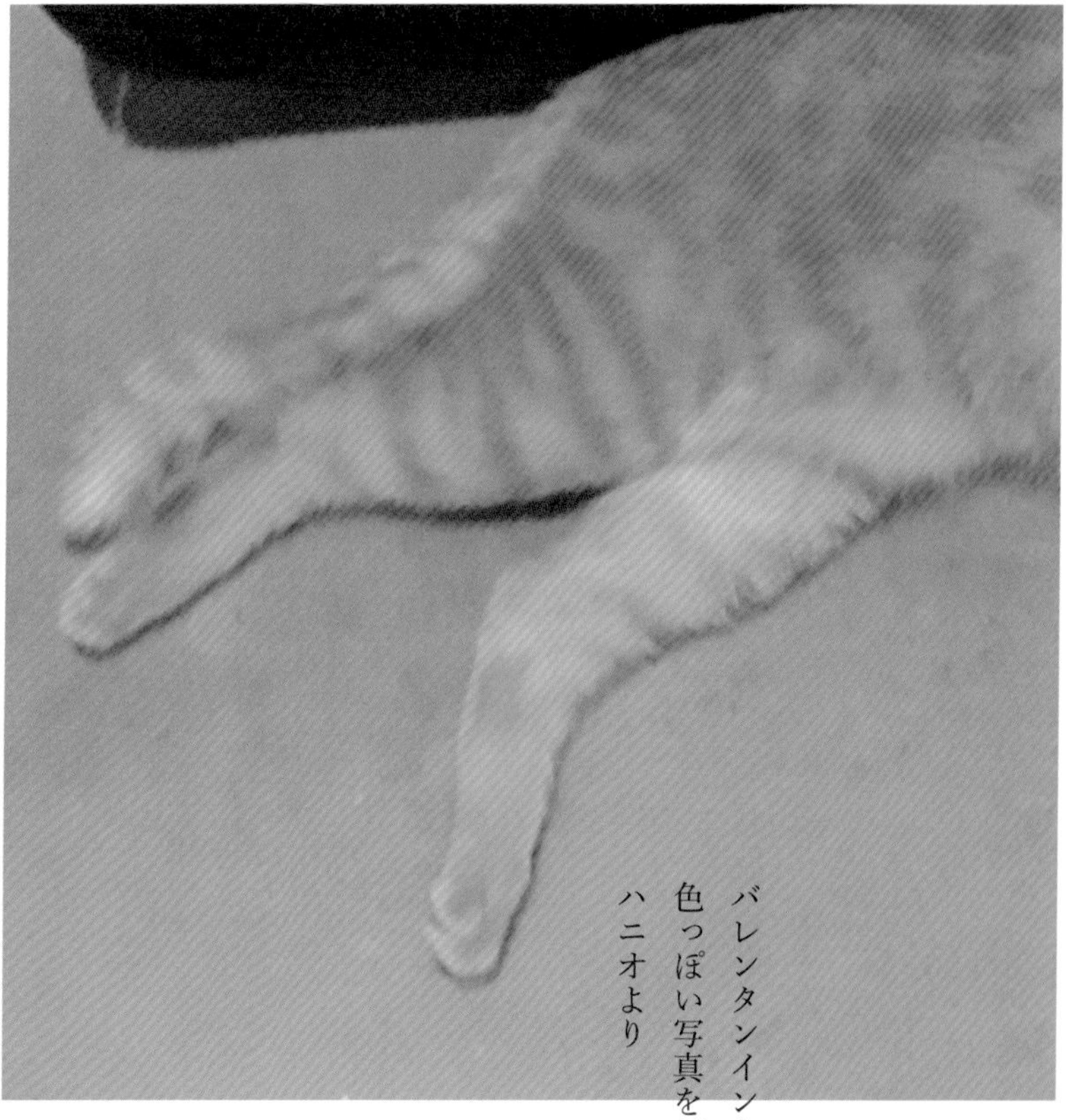

バレンタインなので
色っぽい写真をどうぞ。
ハニオより

2017/2/15 ハ

おかーさん
ぼくもたびちゃんも
悪いことしてません。
キッチンに登って
ささみの「おだし」を
お鍋からのんだりしてないし
はしりまわって
おかーさんの大事な
「かみ」をぼろぼろにも
してないし
びすく先輩のごはんを
いっきぐいもしてません。
ぜんぶ
ゆきちゃんがやったとおもうな

ハニタビをだしてあげて、と
わたしに目で訴える雪。
雪、あまい。

2017/2/15 ハ

おかーさんおかえり。
おかーさんさぁ
薄目できる?
うすーくめをあけるやつ。
どのくらいできる?
ぼくはこのくらいで
けっこう見えてるよ。
でもこれけっこう
なんぎなのよね。
つかれたから
豆乳ビスケット
ちょっとちょうだい

ふーん
おかーさんは
薄目がその程度しかできないのね
ぜんぜんだめだね
なんか疲れた顔してるけど
ぼくのおなかのもふもふの
においかいでもいいよ。
つかれもぶっとぶよ

2017/2/16 夕

おかーさんおかえり。
いまやっと、はにちゃんを寝かしつけたんだ。
だからすこし静かにしてくれる？
ドアとかも
そーっと開けたり閉めたりしてくれる？
そーっと、そーっとね。

2017/2/18 ハ

おかーさんおかえり
ちょっとさぁ
タビちゃんに注意してくれる？
かみのふくろを
ずっとひとりじめしてるんだよね
ぼく順番まってたんだけど
ずーっとはいってるのよ
ちょっとしかってくれる？
みんなのかみぶくろなのよ

2017/2/20 ユ

春の強風吹くなか、雪と散歩。
わたしの用事を待ってくれていた雪です。
犬が待ってる姿がとても好きなのです。いつもありがとね、雪。

おかーさん、おかーさんの
大事にしてた「ひんめり」
たびちゃんが
ぼろぼろにしたよ
ぼくはなにもしてないよ。
たびちゃんがとびついて
ひとりでやったの。
ぼくの顔みてよ。
嘘ついてないでしょ

たびちゃんは
ぼくがおもうに
「しろねこ」です。
手足もおなかも、かおも白いです。
黒いシマシマの上着を
着てるんです。
あと、おめんも
はんぶんかぶってますけども
ベースはしろねこです。
ちなみにぼくは
うまれつき
はちみつ色です。
はちみつ色がじまんです

2017/2/23 ハ

きのうは「ねこのひ」だった。
うちで
じゅんすいな「ねこ」は
たびちゃんと
ビスク先輩。
ぼくはライオンになりかけた
ライオンねこなので
あまり主張せずすごした。
あと2ヶ月くらいしたら
1歳になるので
そのころには
たぶんライオンになってるはず。
みみのところ、
すこしライオンになって
きてる気がする

2017/2/23 ユ

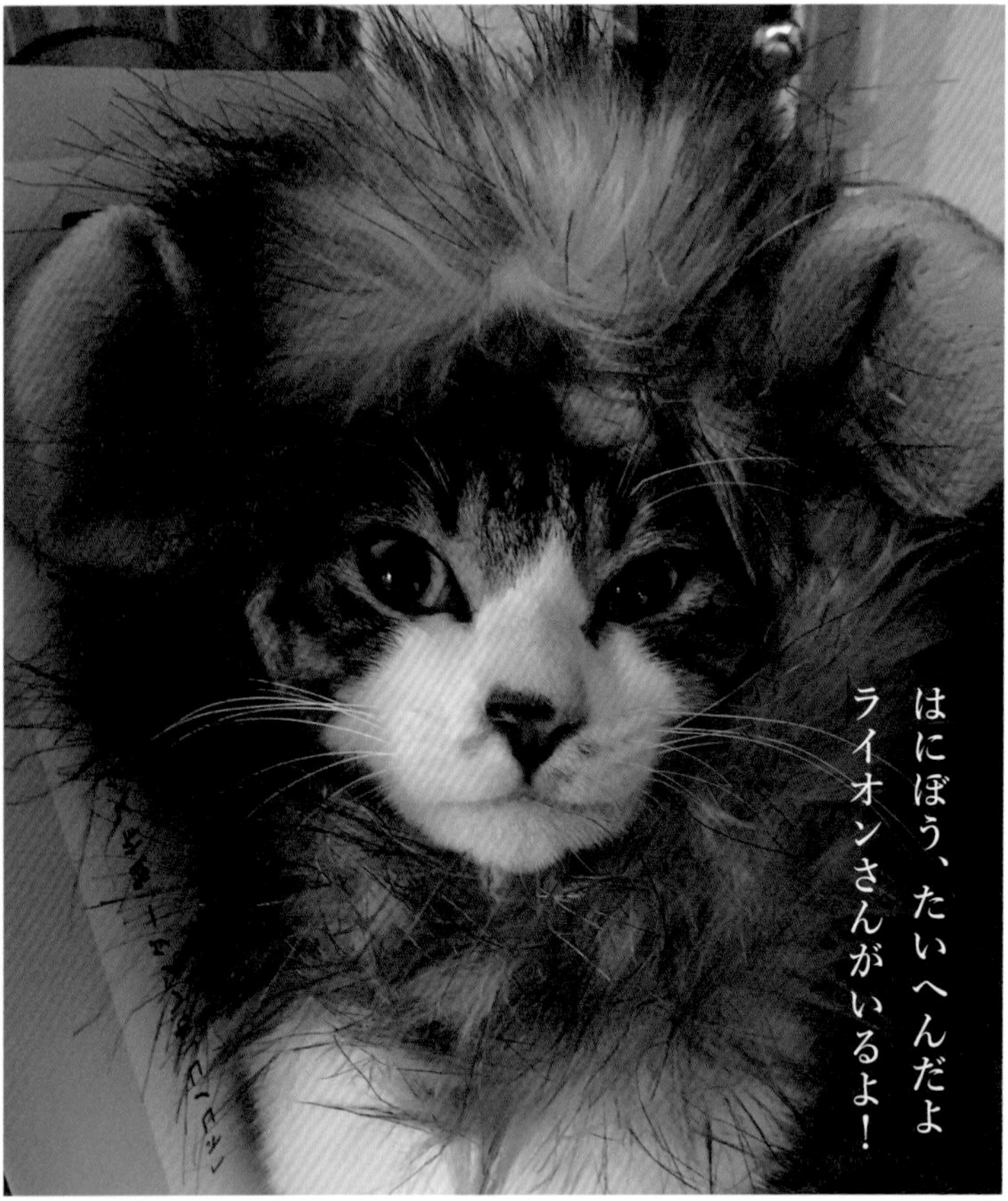
はにぼう、たいへんだよ
ライオンさんがいるよ！

2017/2/23 ハ

おかーさん
あのさぁ
さっき、なんか
ライオンさんがいたって
びすく先輩がいってたけどほんと？
ぼくのおとうさん？
もしかして
ぼくのことむかえにきたんじゃない？
まだ耳の後ろしかライオンに
なってないから
ちょっと待っててって
言っといてよね

2017/2/24 ハ

ちょっとおかーさん、
ぼくライオンになってない？
かみがたも
みみのところも
あごのところも
りっぱなライオンじゃない？
ちょっと
ライオン用のすてきなおやつ、
ない？
とくべつなやつよ

おかーさんおかえり。
お風呂にする？
ごはんにする？
きょうのごはんはね
おかーさんのだいすきな…
って、
あんた降りなさいよ‼

2017/2/26 ハ

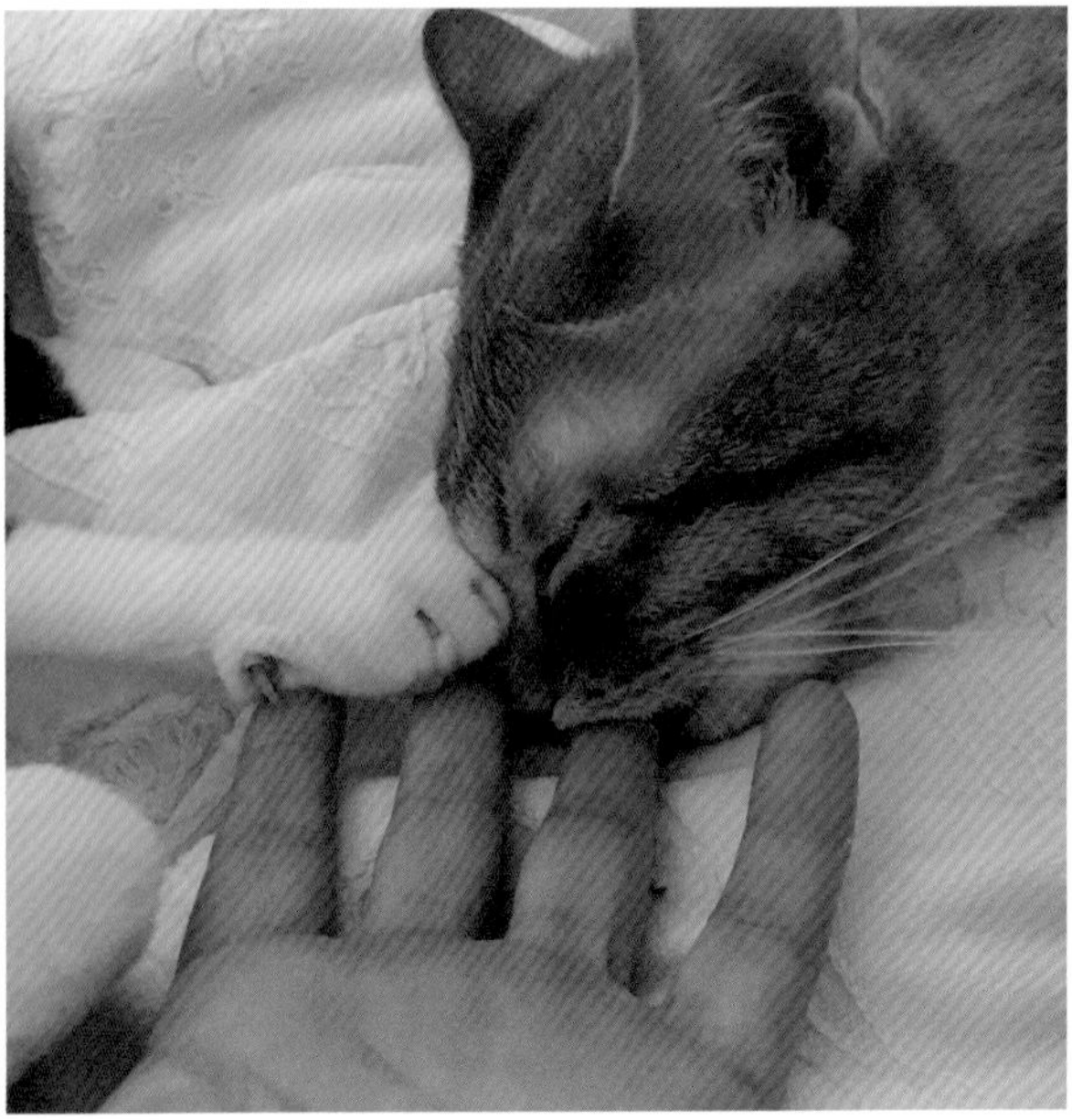

ぼくはあと2ヶ月で1歳になる。
1歳の猫はおとなだ。
だけど
ライオン猫は3歳でやっと
おとなになるらしい。
ぼくは
堂々とちゅうちゅうを
している。
たびちゃんはそろそろ
ちゅうちゅうを
卒業するべきです

2017/2/27 夕

おかーさん、
アカデミー賞さぁ、
ラランド、最後間違えられて
ちょっと
きのどくだったよね。
にんげんだから、
まちがいもあるとおもうけど、
でもびっくりしたよね
はにちゃんが
ささみを僕にくれたときくらい
びっくりしたんだよね。

2017 spring

FINN JUHL
the complete works

2017/3/1 ユ

日々いろんなことがあります。
口角上げて
目線も上げて
熱いお風呂に入り
できるだけ眠りたい。
こころに元気がないときは
わたしの経験だと
鉄分とカルシウム強化です。
あ、ビタミンB群も大切です。
栄養って
こころまで立て直す力が
あるんです。
体を元気にしてから
悩み事に立ち向かうことも
1つの手、です。

2017/3/2 ユ

朝起きたら
わたしの羽布団に
まあるく、おしっこしてありました。
まちがいなく
ハニオかタビの仕業です。
犯人はどっちなのか。
ハニオ目を合わさない。
怪しすぎる。

2017/3/2 ユ

こちらも目を合わさない。
怪しい。

2017/3/4 ユ

夢を見た。
わたしは仕事で、車で移動中。
運転はマネージャー。
なぜか山の中を走っていた。
ふと信号で止まり
ふっと外を見ると
びっくりするような
ウツボみたいな
大蛇が
こちらに向かって突進してくる。
恐怖のあまり
早く発進してー!!とマネージャーに叫ぶわたし。
しかし大蛇はわたしに向かって
突進してきて
しかも膝の上に
のそのそと上がり込み
ぴったりくっついてくる。

わたしの膝の上に乗ってきた大蛇は
大口を開けて
わたしに顔をすり寄せてくる。
わたしは恐怖のあまり
頭を掴んで自分から離そうと
必死で格闘。
…なんかふわふわしてる
このあたま。
もふっとしてて
あったかい。
大蛇はなんと
ボールをもっていた。
こちらを見て
はぁはぁ息をしながら笑っている。
…こ、これは。

近頃忙しくて
雪とちゃんと遊んでいなかった。
大蛇になってまで
わたしの夢の中に出てきた雪。
ごめん。

2017/3/5 ユ

やめてほしい。
ほんとにやめてほしい。
最近タビが本当に
イタズラ坊主になってしまい。
ちいさなものが大好きで
特に好きなのは木のスプーンと
猫缶のフタと
ペットボトルのフタ。
たび！おかーさんは、
おかーさんは、
途方に暮れています。
この写真は、お雛様の頭を
撫でてますけど…。

注）このあと椅子をどけて、
乗れないようにしました…。

2017/3/5 ハ

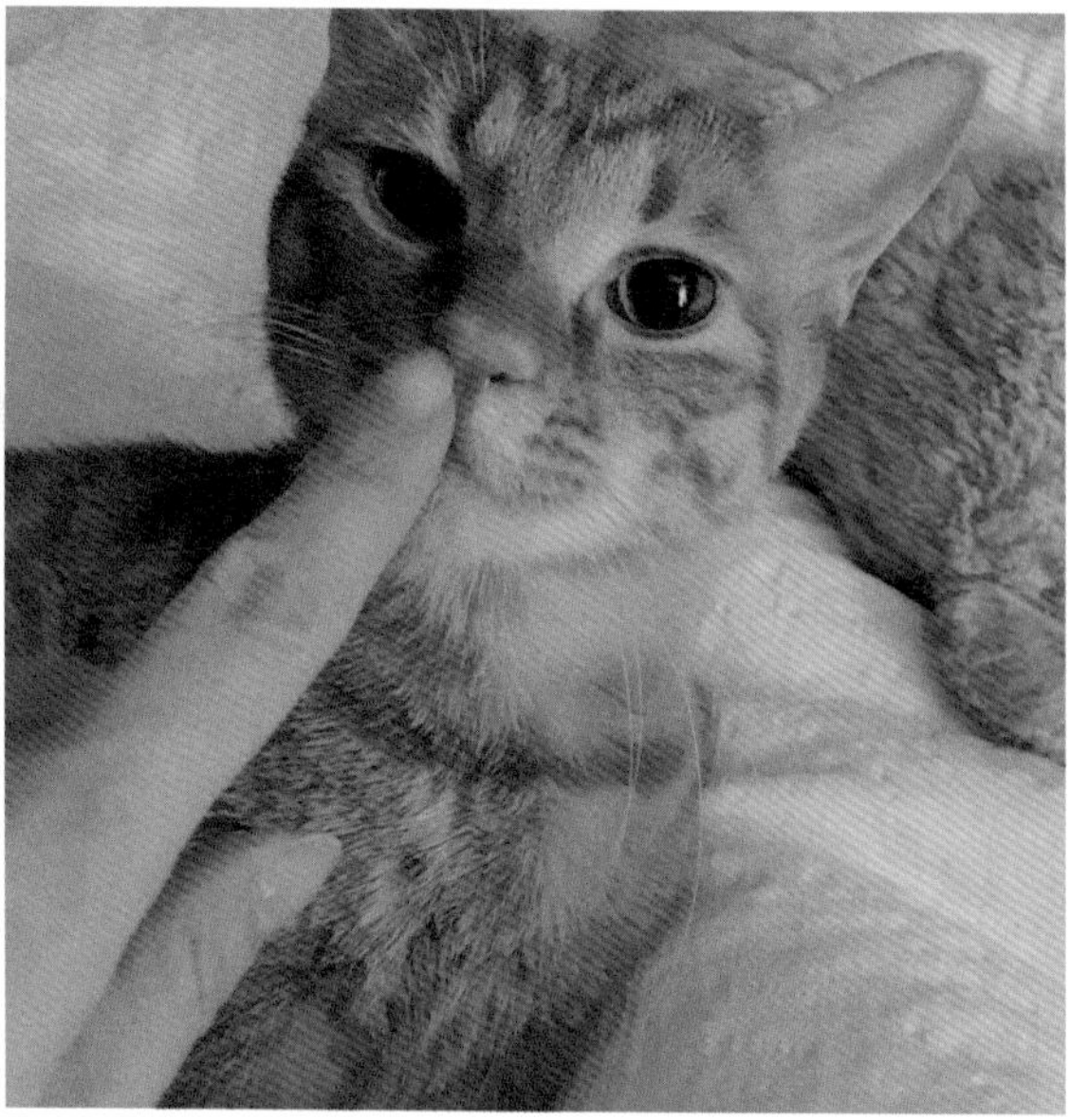

おかーさん、
あのさぁ、前から思ってたけど
ぼくの鼻のとこ、
ピンクのしみ、があるよね
これは
はなみず、とかじゃなくて、
もよう、なのよね。
あと、ぼくの目、よくみてね
上まぶたも
下まぶたも
「ふたえ」です。
おかーさんのゆびは、
いつもパンの匂いがする

2017/3/8 ハ

ちょっとおかーさん
ゆきちゃんが
なんか
うるさいのよ
ぼくのこと、まだ
赤ちゃんと思ってるみたいなのよ。
べろべろさせろって
せまってくるのよ
ぼくはもうすぐ
1歳になるのに
すっかり大人なのに。
びすく先輩ちゅういしてくれる?
ほんと困ってるのよ

2017/3/9 ユ

雪は、猫たちが大好き。
とくにタビのことが大好きなのです。
追いかけ回して
おさえつけて
べろべろ舐め回す…。
タビも全く嫌がらずゴロゴロ言ってます。
仲良きことは美しいこと。
わたしは動物に学ぶことが
山ほどあります。

2017/3/10 ハ

おかーさん、
きょうきたあのひとは、
見たことあるような気がする
てれびにでてるひと?
おかーさんのいもうと?
やきとりもってきたけど
あれは僕にくれるため?
でも
ぼくは、さいきん、
おきゃくさんがこわいんだ。
おとなになるとちゅうの
「ひとみしり」な時期だからだ。
やきとり、あとでたべるから
ちゃんととっておいてよ、
おかーさんのいもうと

今朝のできごと。
何か、いる…。

ちょっとおかーさん、
あけないでーっ！
光合成してるんだから〜っ
あけたら、いままでのやつ
ちゃらになるって
いったでしょーっ！

あと
やきとりもうないじゃないのよ！
おかーさんのいもうと、
やきとり買ってくるの
すくないよね！
ほんと
ちゅういしといてね！
こまってるから、ぼく

2017/3/11 ユ

左のひとは一応ベッドに乗っていいひと
右のひとはベッドに乗ってはいけないひと、
と
決めていたのですが
いつのまにか
登ってきた。

なんで猫だけいいの?と
思うんだろうなぁ、雪。
その気持ちは、わかる…。

2017/3/11 ユ

3年前くらいのビスク。
この頃はまだ、末っ子でした。
みんな旅立って
新入りが来て
いまや最年長になった
ビスク。

歳も歳なのでいろいろあります。
穏やかに楽しく過ごそう。
一緒に居られる日々に
感謝しよう。

寝起きシリーズ
あのっ、あの、
重いです…。
少し前まで
寝るときは雪をケージに
入れていたんですが
そろそろケージ卒業かな、と
…
当たり前のような顔で
ベッドに乗っています…。

2017/3/15 ハ

おかーさん
なんか最近
ばたばたしてるよね
ぼくのおなかのもふもふの
匂い嗅いだら
疲れもぶっ飛ぶのに
そんな「よゆう」もないの？
おかーさん
地道に
こつこつ
ひそやかに努力することだよ
そしたらね
ぼくみたいなライオンになれるから

2017/3/16 ハ

おかーさんおかえり。
ちょっとどこいってたのよ
最近おでかけおおすぎない？
ねぇ昼間来たひとは
おしごとのひと？
ぼく、いま
思春期だからおきゃくさん
こわいのよ
まあ、ほんのすこしだけね。
内股で低くなって逃げたり
してないし
もう少ししたら挨拶に出ていく
つもりだったんだけどね

2017/3/17 ハ

おかーさん
ちょっと、雪ちゃん注意してくれる?
ぼくの顔
雪ちゃんに乗ってるみたいになってるけど
先にここでくつろいでたのは
ぼくなのよ
雪ちゃんどいてほしいのよ
さいきんちょっと「なれあい」
がひどいのよ

おかーさん、
猫の写真ばっかでいや、っていう
いけんもあるってききました
そんなこと言ってる皆さん、
ぼくは
ライオンですから
気をつけてくださいよ。
せなかにあしをのせて
願い事をすると
叶います。
ささみと、猫用ボーロと
たのしいおやつが
ふえますように…

2017/3/18 ハ

どうやって、あしを
せなかに乗せてるかって？
こうなってます。
あんまりじろじろ、みないでね
噛まれちゃいますよ
らいおんですからね

2017/3/24 ハ

おかーさんは
ぢょゆうだ。
テレビとか映画とかにでてる。
げんば、で
あいさつとかちゃんとしてるのかな。
ぼくは人見知りなので
はじめてのひとが怖い。
いまは
ししゅんきだから。
もうすぐ
あいさつができる
立派な
ライオンになる

2017/3/25 ユ

人生は一瞬一瞬の積み重ね

その一瞬を
その一瞬のためだけに
使えたらいいのにね
と
そんなことをおもう
今日なのです。
人間だけが
過去と未来を案じて今を失くす、
と
いつもおもいます。

2017/3/26 ハ

おかーさん
今日もぢょゆう？
てれび？
え？
えいが？
え？てれび？
ぼくはどっちでもいいんだ。
かっこいいおやつ、
出しといてね。
あいさつ、ちゃんとしなさいね

雪まじりの雨
寒い寒い朝
眠い眠い朝
今日も今日とて撮影
口角上げて
がんばりましょう。
今朝もハニタビに
手を吸われました。

2017/3/28 ユ

書くべきなのか
書くべきではないのか
悩みましたが書きます。
去る3月25日に
ビスクが天国に旅立ちました。

16年間わたしと一緒に生きました。
甘えん坊で
気が強く
人間が大好きなビスク。

たくさんの愛をありがとう。
ビスクを愛してくださったみなさん
ありがとうございました。

二週間の闘病でした。
わたしの腕の中で
眠るように逝きました。

驚かせ
悲しませてごめんなさい
だけどビスクは幸せな猫でした。
愛し愛され
潔くかっこよく去っていきました。

今はもう辛いことも苦しいこともなく
清らかな真っ白な骨になり
寝室にいます。

2017/3/28 ユ

さみしいけれど
悲しいけれど
でも、ほんとうに思うのは
サヨナラじゃないんです。
心の中にほんとにいるんです。
不思議だけど
ほんとうに
心はふわりと
あたたかいんです。

2017/3/29 ハ

おかーさん、
あのさぁ
ビスク先輩、
ちょっとおでかけするって
いってたよ。
留学もするみたい。
ぼくにかっこいいおやつ
買ってくるって言ってたよ

2017/3/31 ハ

きょうも、おわってゆく。
ぼくはこの家のリーダーなので
リーダーらしい座り方を
研究している。
おとこらしく
「やせいみ」にみちあふれた
すわりかたを研究している。
今日のおやつの分量
ささみのふんいき
間違いはなかったか
かんがえている

2017/4/1 ユ

朝からベタベタ
これだけ愛されて
わたしゃしあわせですよ…
ありがと～

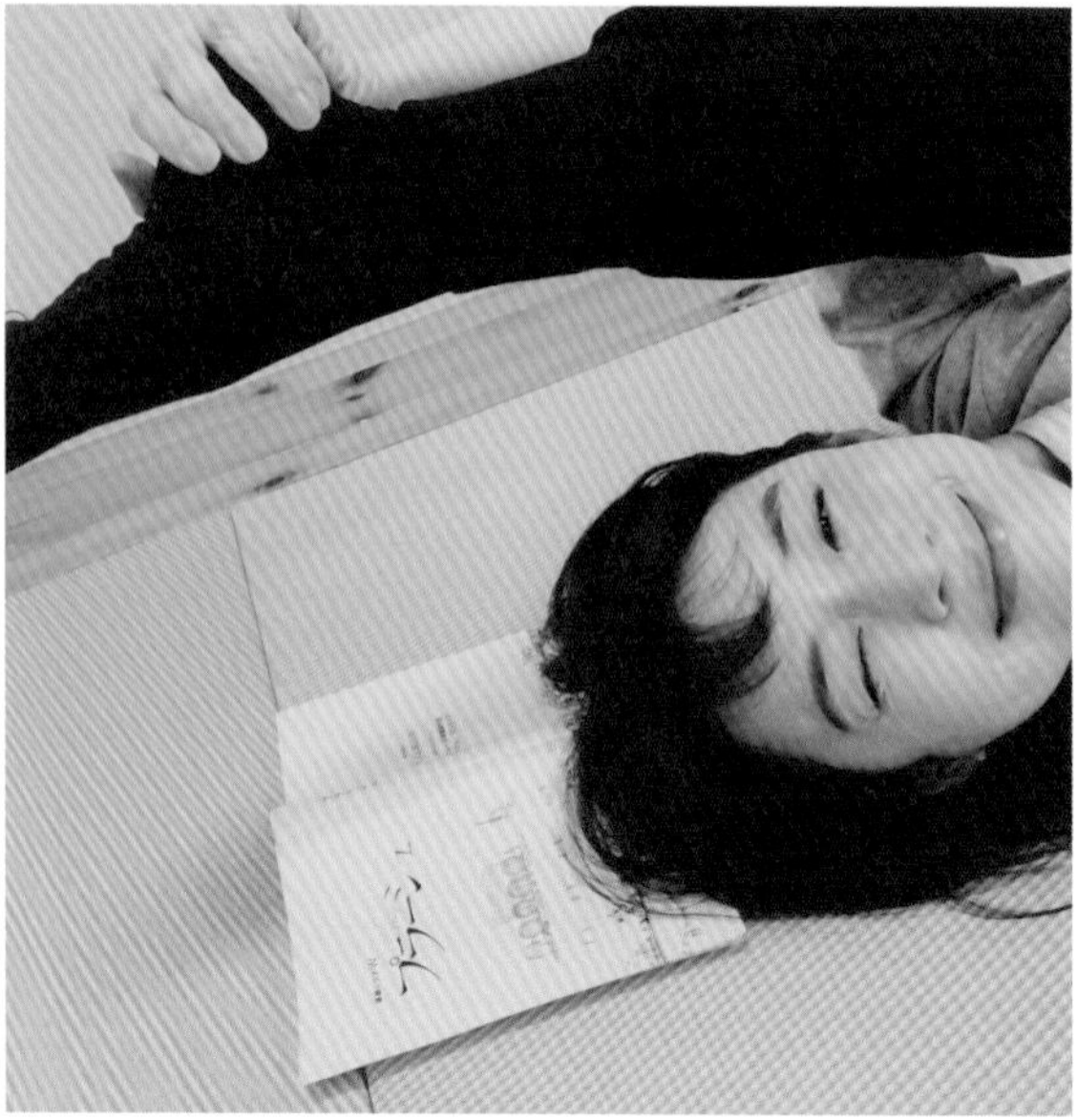

意外と柔軟性のあるワタクシ。
ピラティスのおかげです。

今日のぼくは
とらに似てる。
ちょっとすてきだ。
えっ、ひょうたんにも似てる？
ひょうたんて、なに？
おかーさん
ちょっとゆっくり寝た方がいいよ

おかーさん、
たびちゃんが
ぼくが残しておいたささみ、
食べちゃったんだ
すごく楽しみにしてたのに
急にがぶって食べちゃったんだ。

それから
ゆきちゃんがぼくのこと
少し踏んだんだ
ごめんね、っていったけど
痛かったんだ

2017/4/6 ハ

なんかさぁ、
桜も咲いてるしさぁ
あたらしいもくひょう、ってやつを
かんがえてるんだけど。
ざゆうのめいは
「すてきなおやつは棚の中」
です

2017/4/10 ユ

ビスク。
姿は見えなくても
そばにいるのがわかります。
でもやっぱり会いたいな。
夢の中でいいから
出て来て欲しい。

2017/4/11 ユ

タイトル。
「先輩、あなたは強かった」。
冷たい雨と散りゆく桜とともに
お楽しみください…。

2017/4/16 ユ

昨日は、板谷さんちの由夏ちゃんと
武道館に行きました。
大好きなノラ・ジョーンズの
コンサートでした。
彼女の声はほんとうに
素晴らしい…。
癒され、そして力をもらいました。

写真は由夏ちゃんが撮ってくれた、
タクシーをとめてるわたくし。　手をピーンと伸ばすのがわたくし流。

おかーさんおはよう
あのさぁ
耳をうしろにキュって、できる?
耳をできるだけみえなくするやつ。
スコティッシュほーるど
みたいじゃない?
すこちゃんに間違えられちゃうんじゃない?
おかーさんもやってみてよ。
まあ、こういうのって
日頃のどりょくがないと
できないことだけどね

2017/4/18 ユ

あたたかな日が続いております。
近頃、自分という人間の性質というか
性格というか癖というか、
そんなものに気がつかざるを得ない
撮影をしております。
じぶん、という人間を
俯瞰で見たら。
だれかがわたしをニュートラルな
目で観察していたら。
いったいどんなふうにわたしは見えるのだろうと、
そんなことを思います。
優しさと
感謝。この二つの言葉を肝に命じて
日々生きて行きたいと思います。

2017/4/21 ユ

きのうの東京。
高所恐怖症なのに
こういう景色を見ているのが好き。
東京。
愛おしい東京。
わたしは東京が好きです。

2017/4/24 ユ

みなさま
ハニタビ兄弟です。
もうすぐやっと1歳になります。
一年前、保護された時から逆算して
5月1日をお誕生日に設定しました。
今後とも
どうぞ
ハニタビ兄弟を
よろしくお願い申し上げます。

板谷由夏ちゃんの
短い前髪は、ほんとにかわいい。
しかし
わたしは知っている。
わたしが同じことをやると
単なる童顔に輪をかけただけの
老けた小学生になることを…
これは、
一年半くらい前でしょうか?
切ったはいいけど
焦って伸ばした
幻の短い前髪時代。

2017/4/30 ハ

おかーさんさぁ
まえがみ短いやつは
なんか、ちょっと
おかーさんには
どうかとおもうな。
なんか
たよりないかんじがするし。
かっこいいおやつとか
買ってこれない
たよりないひと、みたいな
感じになるよね、
おかーさんみたいな顔だと

2017/5/2 ハ

えーと
ぼくは、1歳になりました。
たぶんたびちゃんも、
1歳になりました。
おかーさんがいつもより多くの
ささみをくれました。
ライオンには
もうたぶん
なってる、と感じています。
なんていうか、
ふんいき？
ただよう、なにか、です

ライオン3日目の朝。
ぼくは
しっかりとした顔で
素敵にごはん待ち。
おかーさんはいそがしい。
1歳になり
ぼくはライオンに
たびちゃんは
いちにんまえの白猫になった。
いろんなことがあるけれど
ちからづよくいきたい

ライオン4日目の夜
おかーさんが
雪ちゃんにかっこいいおやつと
かっこいいおもちゃを買ってきた。
かたいカミカミするやつと、
あたらしいぼーるだ。
ぼくと
たびちゃんには、
かっこいいビスケット。
だけどぼくは
すぐには欲しがらない。
1歳はおとなだから。
たいせつなのは
なにごとも、
むーど、だと
びすく先輩はおしえてくれた

ライオン6日目の朝。
どうも、みみが大きくなってきた
かんじがする。
鼻がしっとりして
シマシマもいいかんじ。
よこがおも、おとこらしい。
これはきっと
すてきなことがおきるよかん。
きっと
かっこいいおやつがくるよかん

2017/5/7 ハ

ねえたびちゃん
ぼくの大事にしてたタオル、
どこへ行ったんでしょうね…
しらないですか
ぼくの大事な
よだれのついた、ぼろぼろのやつ。
みかけないんですよね
ちょっと目をはなしたら
なくなってたのね
ぼくのたからもの。
え?
せんたくしてるの?
なんでせんたくするひつようが
あるわけ?

2017/5/7 ユ

朝起きて
横を見たら
このひとが。
彼氏なのか！
彼氏のふりをしてくれてるのか！

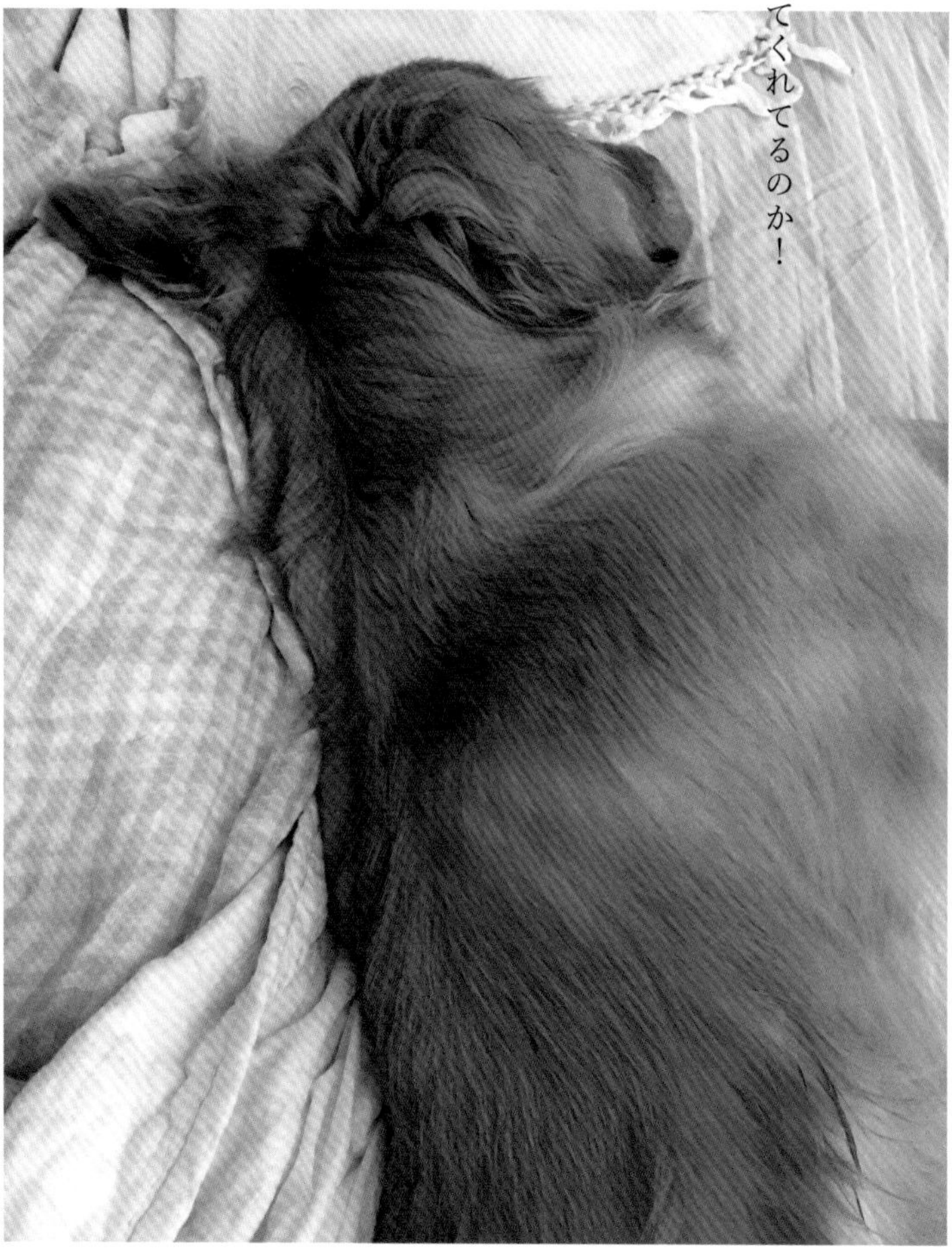

2017/5/8 ハ

ゆきちゃんさあ、
こういうふうに
手を、おばけみたいにできる？
これってまあ、
「たんれん」しないとできないけどね。
きのうぼくは
お客さんに、あいさつできた
おかーさんが
はに坊えらいね、と
あたまをなでてくれた

2017/5/13 ユ

ずっと探していた大事な指輪が
きのうひょっこりでてきた。
小さな箱をパカっとあけたら、
当たり前のような顔をして
そこにいた。
ふっと時間が止まった。
ふわりと温かい気持ちになった。
5月12日は
ビスクの四十九日。

たましいは
49日かけて
いろんな人にお礼を言い
そして天国に旅立つ、という。
ビスク
指輪をわたしに届けてくれたのかな。
こじつけなのかな。
ビスクうちの子になってくれて
ありがとう。

2017/5/13 ハ

おかーさん
ぼくのあたま
どう?
うしろのもよう、かっこいい?
しましま?
バームクーヘンみたいになってるわけなの?
いろはどうなの?
やきたてのぱんみたいになってる?
ときどきチェックしないとさぁ
みだしなみってやつよね

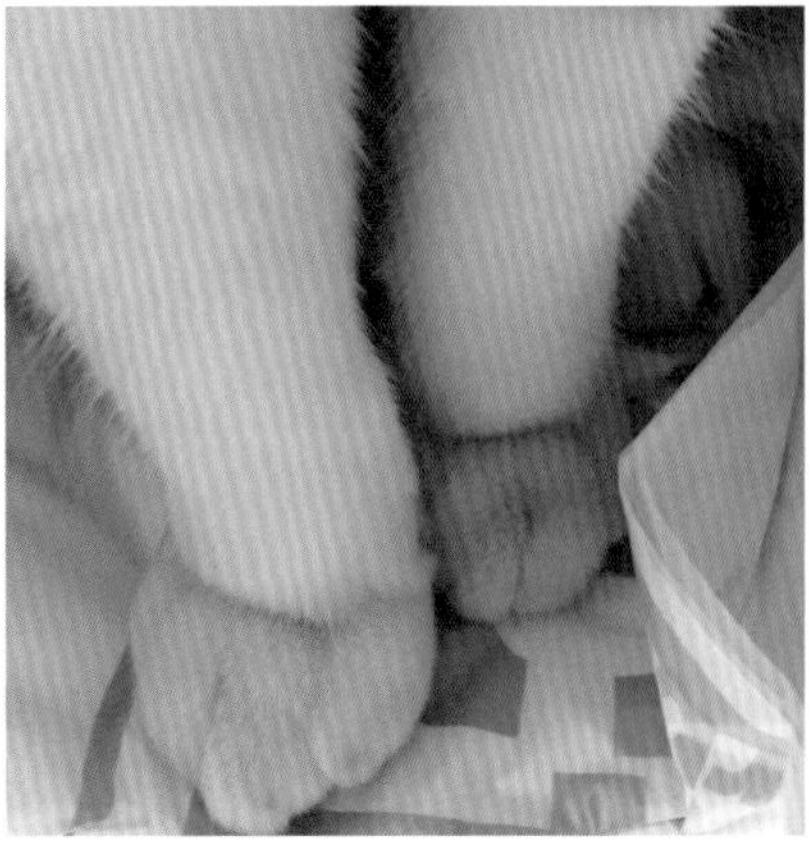

しろねこのうた
（歌唱　はにオン）

しーろーねこの
正体はー
しーろねこの
しょうたいはー
あたまに「た」のつくひとでした～
おめんをかぶったしろねこよ
きょうもどこかでお昼寝を～
きょうもどこかで
人助け～～
しろいあしが
すてきなの～
しろねこよ、あぁしろねこよ

みぎから、
がーりっくぽっと、
ぼく
ごみぶくろ、
です。
とても、らんざつなかんじです。
ぼくのこころも乱れています

暑い1日でした
今日は
たくさんの方々にお会いしました
みなさんとにかく
ありがとう。

ありがとうございます。
それだけお伝えしたいのです。
感謝と尊敬
それが生きる喜びだと
本当に思うのです。

2017/5/23 ハ

ちょっとおかーさん
あのさぁ、
ぼくはひとみしり、じゃなくて
なんていうか
すこし
せんさい、なのね。
たびちゃんて、ほら
図太いタイプじゃない？
わるくちじゃなくて
いけん、としてね。
それからぼくの、下の歯、
えいきゅうし。
かっこよくない？

猫ばかりと言われても
なんと言われても
わたしは動物たちから
計り知れないパワーをもらっている。
子供の頃から今まで、ずっとそう。

いろんなことがあるけれど
グッと前を向いてすすむのだ。
いつもありがとう。
あ、雪はいま、
訓練士さんのお宅で
楽しくすごしています。
わたしが今ばたばたなので。

ボリビアで買ったお人形
パラオで買ったお人形
東京で買ったミニチュア
自分で描いた絵
どこからか
わたしのもとにあつまってきて
わたしの分身みたいになったものたち、
なのです。

板谷由夏ちゃんが
くれた。
わたしは「樹」で
動物たちが集まって来るの図、だそう。
ありがとう。
良い気を発してる樹になりたい。
だいじにするよ！ありがとね。

ビスクのこと

動物たちが天に召される時というのは、
どうしてあんなにも崇高で美しいのだろう。

いつかくる別れを、いつもどこかで覚悟して生きている。
動物たちと暮らすことは、彼らを見送る日が、必ず、いつかくるということだから。
逃げ出したいくらい怖いけれど、でも
私はいつも思うのです。
彼らが去って寂しいのは人間の方で
悲しい、という感情すら実は、人間が勝手に作り出したもので。
今、この瞬間を生きている動物たちにとって
天寿を全うして天に帰ることは、きっと、生まれてくることと同じくらい
幸せなことなのかもしれないと。
無理やりかもしれないけど

私はいくつもの別れを経験してきて、そんなふうに思うようになりました。

16年間私と暮らしたビスクは
チンチラゴールデンという種類の猫です。
仔猫の頃は野生が強くて、一匹狼的なところがあり、
当時いっしょに暮らしていた、アンジェ、メイ、ミントという
ビスクと同じチンチラゴールデン一族（父と息子二匹）とはいつも少し離れて
ぽつんとひとりで過ごすような子でした。
気が強くて、でも実はかなりの甘えん坊で私に抱っこされるとどんな時でも
大音量のゴロゴロを聞かせてくれました。
ひょうひょうとマイペースに生きてきたビスクでしたが
ハニオとタビの出現には父性本能を刺激されたのか
いつも小さな二匹を気にかけていて、とても優しい親分でした。
ハニオとタビも、まさにセンパイ、センパイとどこにでもくっついていくので、
その光景は本当に可愛かったな。

２０１７年の初めに、ビスクは風邪をひき、それをきっかけにどんどん具合が
悪くなっていきました。血液検査をすると肝臓の数値が圧倒的に悪く
何をしても改善せず…。黄疸が始まってからは悪化の一途を辿るばかり…。
動物たちは、自分の体調の変化をいつだってひたすら真っ直ぐに受け止めます。
飼い主である人間は、なんとか回復を願って様々な治療を施すのですが
その横で彼らは、静かに、ひとつひとつ、体の機能を閉じてゆく。
どうしたって抗えない命の終わり。
命あるもの、みんないつかは…と分かっていても。
時間の流れが急に変わるのです。

ああ、あの時間が来てしまったと、私はいつも思います。
見える景色がみんな色鮮やかに見えるあの不思議な時間。
風の匂い。お日様の光。夜の闇の深さ。
毎日、私たちの日々を取り巻いていた当たり前のものたちが

何倍もの密度で迫ってくるような不思議な感覚があるのです。
あれは、生きていること、命そのものが最後に見せてくれる
この世界への賛美なのではないかと。

今思い返しても切ないのは
私はビスクが命を閉じていく準備をしている期間
ドラマの撮影でほとんど家にいられない日々が続いていて
なかなか一緒にいられなかったのです。
動物病院に入院しているビスクの容体を
電話で聞くしかない日々。この時ほど、自分の仕事の厳しさを感じたことは
ありませんでした。
ビスクの体調のことで頭がいっぱいなのに
撮影現場では一切その話をしませんでした。
話をすればきっと心がそちらに全部引っ張られてしまい
芝居どころではなくなる。私に泣かれてもみんな困るだろうし

何よりも自分自身が壊れてしまいそうで、
その話をしないことでわたしはなんとか自分自身を保っていたような、
そんな日々でした。

早朝に家を出て真夜中に戻るような日が何日も続いていたある日
主治医の先生が真夜中に病院を開けてくださり
数日ぶりにビスクに会うことができました。
酸素室の中で眠っていたビスクは
私の声を聞いてもなかなか反応しませんでした。
何度も何度も呼びかけ、ふっと薄く目を開け、私の顔を見たときの
ビスクの顔と、小さく小さく喉の奥で鳴るゴロゴロという音。
こんな時でも私に会って喜んでくれることに
ずっとそばにいられなくて本当にごめんねと
本当に本当にごめんねと泣きました。
真夜中の病院で、ビスクを抱きかかえながら

どうしてもうちに連れて帰りたいと先生にお願いしました。
しかし、私は4時間後には再び撮影に戻らなければならず
でも、どうしても、ビスクを家に帰らせてあげたかったのです。
あと先のことは考えられなかった。
私の表情を見た先生は
「では私が石田さんがお仕事に出かける前に
ビスクちゃんを迎えにいきます。石田さんは安心して仕事をしてください」と。
まるで神様のような先生に深く感謝しながら
私はビスクをあの懐かしい、ビスクが一生のほとんどの時間を過ごしたあの部屋へ
連れて帰って来ました。
自分の力ではもう動けないビスクでしたが
自分の居場所、自分の寝床、ハニオとタビの匂いと鳴き声に包まれて
なんとか自力で上半身を動かそうとしたり、起き上がろうとしたり
そして喉の奥のゴロゴロは鳴り止まず…。
私は着のみ着のままでビスクに添い寝をしいろんなことを話しました。

ただただ呼吸を合わせているうちにいつの間にかそのまま眠ってしまい
聞こえて来たのはビスクの鳴き声。

にゃん。にゃ――――ん。

大きな声でした。
いつもの、ビスクの声でした。はっきりと、2回。
ああ、ビスク、元気になったんだな。よかった。

夢の中でそう思った瞬間、
はた、と現実に返ると
ビスクは私の顔を見て
もう行くね、とそう伝えて来ました。
そうか、行くのね。うん、いいよ。ありがとうビスク。
もう頑張らなくていいよ。お母さんが抱っこしてるからここで行きなさい。

大丈夫だから。
そんなようなことを私は
必死で言いました。

私の腕の中でビスクは息を引き取りました。

私はその崇高な時間を、じっと、泣きもせずただただ
見つめていました。

動物たちはいつだって潔く
何にも抗わず
去り際も優しくて美しくて

ビスクは間違いなく私を待っていてくれました。
たった数時間しか家にいられないことを察知して

私の腕の中で
自分の家で、今行こう、と自分で決めて行った。
そんな感じでした。

ビスク。私に看取らせてくれてありがとう。
そしてうちの子になってくれてありがとう。
待ってるからいつでも戻っておいで。

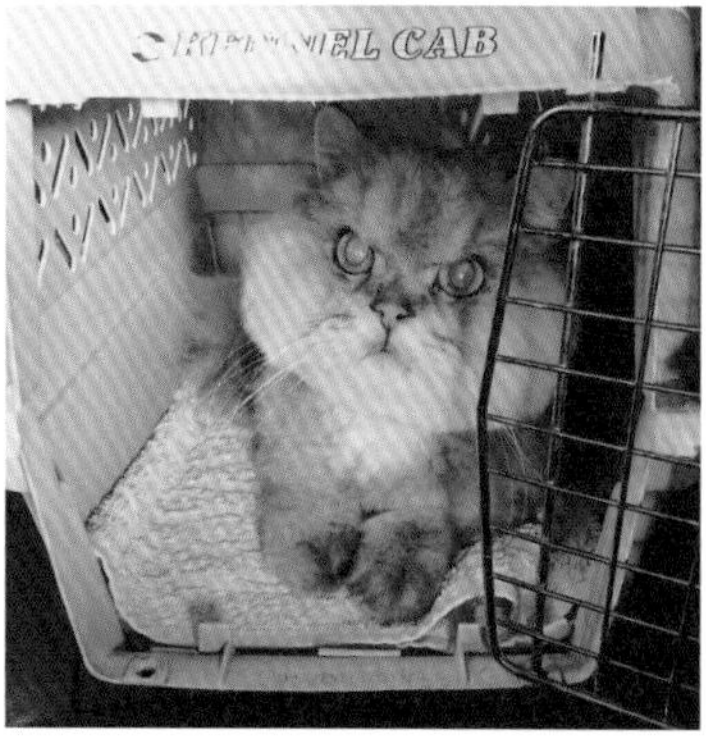
CAB

2017 summer

「かみがた」のうた
（歌唱　はにオン）

かみがたはぁ
じんせいをぅ
さゆうする〜
する〜する
ばさばさ〜〜なときも
ねおきでも〜
すてきにみえたらぁ
しあわせよ
しろねこに、ちゅーるを〜
らいおんに、すてきなおやつを
おねがいよ〜

2017/6/6 ハ

かっこいいおやつ
ふつうのおやつ
たのしいおやつ
いかしたおやつ
いろんなおやつがあるけれど
ぼくはおとなになったら
おやつだけたべて
くらす予定

2017/6/8 夕

ぼくの鼻
かみさまが
ふちどりを半分しかしないで
僕をよのなかに
送り出した
ふちどってください
あとすこし。

2017/6/13 ハ

おかーさん、
それ、ささみじゃない？
みどりのは
カッパが食べるやさいじゃない？
ぼくは
らいおんだから
さっきのささみじゃたりないのよ。
たびちゃん向こう向いてるから
こっそりちょーだい
おねがいよ

2017/6/14 ユ

空はいいなぁ
空はいいなぁ
やらなきゃならないことが山積みで
そんなときに限って
関係ないことばかりしたくなる。

空を見たら
心の奥の淀んだ何かが
ちりになって飛んで行った。
深呼吸してがんばろう。

朝になりました。
どんなときも朝はやってくる…という事実に
わたしはいつも救われる。
この写真は雪がまだ生後半年の頃
田島照久さんに撮影していただきました。
この頃の雪は今よりずっと、
なぜか大人しくて
思慮深い仔犬でした…
尻尾は縦ロール。

おかーさん
ぼくの鼻、あれから、
ふちどり進んでる?
ものごとは途中でほっぽりだしては
いけないと
ぼくはおそわったのに
かみさまはなぜ
半分でやめたのか。
つらいわぁ。

たびちゃんが
まさきさんていう、
きれいで優しい人に
だっこされてた。
ぼくは、勇気を出して歩き出した。
こんにちは
ぼくハニオです
1歳です、らいおんです
こころのなかで、あいさつした。
たびちゃんみたいに、なってみたい

2017/6/23 ハ

おかーさん
お日さまが、しずむね
でも、おひるねしたら
あしたがくるんだよね
ずっと、そうなんだよね
だからだいじょうぶだよね

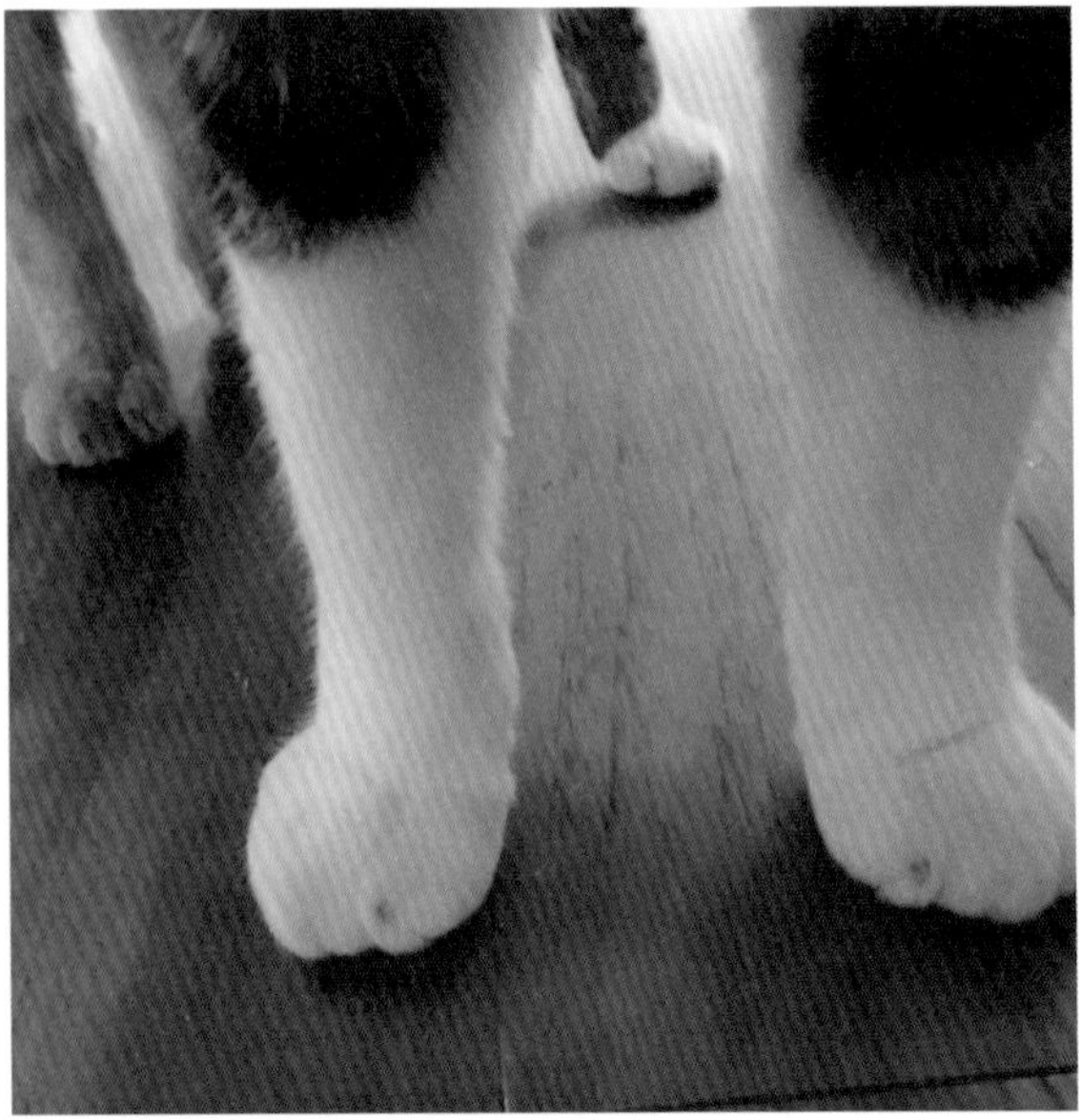

おかーさんに叱られた
おかーさんの大事なふわふわの
ぬのを
くろーぜっとから
くわえてきて
キックしたりしてたら
叱られた
たびちゃんが走ってきて
守ってくれた
たびちゃんがいないと ぼくは
おかーさんに叱られつづける

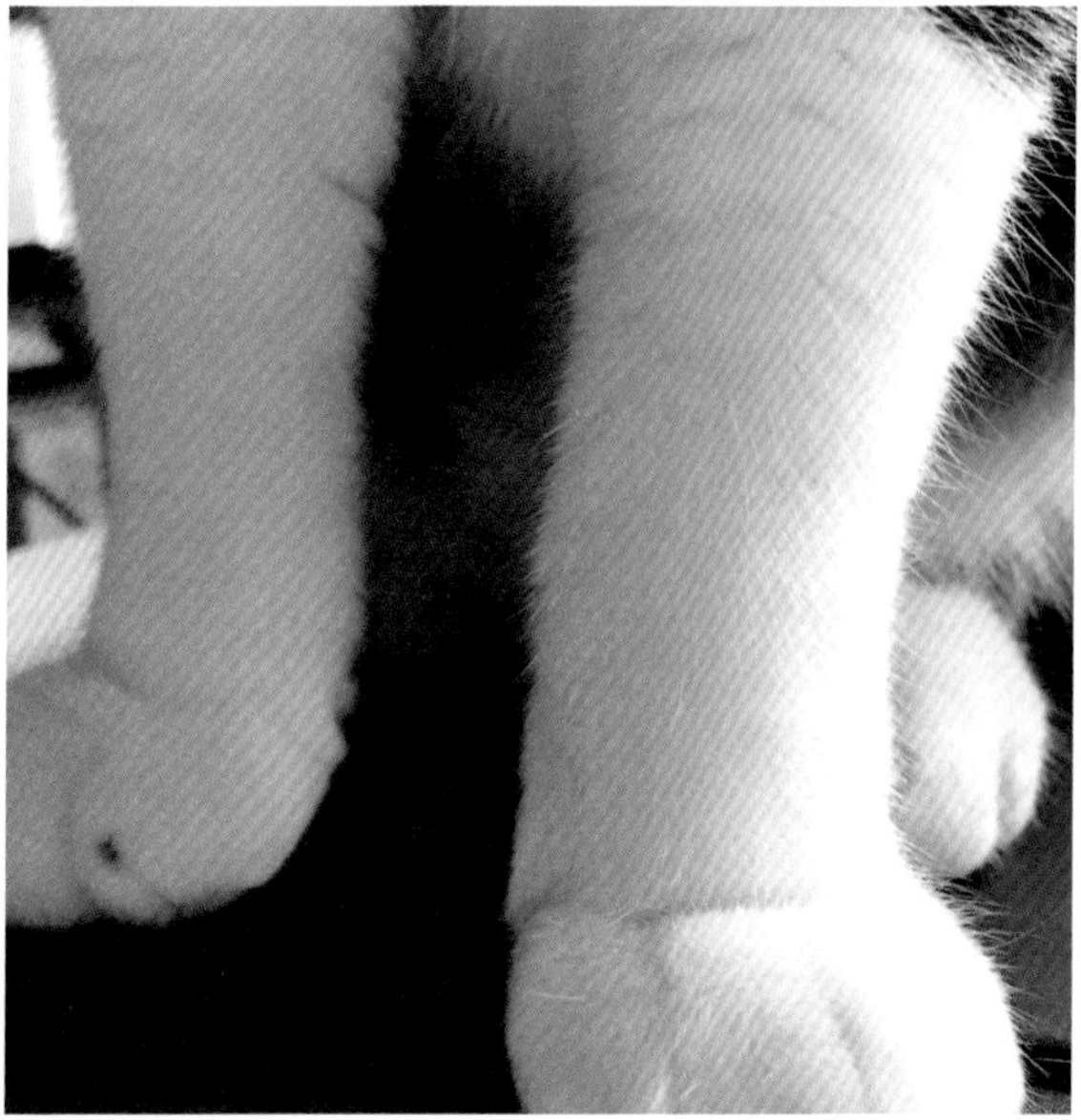

しろねこのぉー
あしは
ふくふく
まっしろふくふく
向こうから
はしってくるよ〜〜
ぼくをたすけに〜〜
(歌唱　はにオン)

2017/7/1 ハ

おかーさんおかえり。
どこいってたわけ？
ぼくは全然さみしくなかったし
すてきなおうちで
よくしてもらってたし、
もうすこしゆっくり
してくれればよかったのに。
かっこいいおみやげあるの？
そうなの？

2017/7/4 ハ

わたくしごとですが
ぼくは
くしゃみがとまらなくなり
おかーさんに
病院につれていかれ
ちゅうしゃをされて
めぐすりを鼻に
さされました。
食欲はあるし熱もないけど
きのう、にゃんこぷたーあそびを
すこししかしなかったから、だと
おもっています

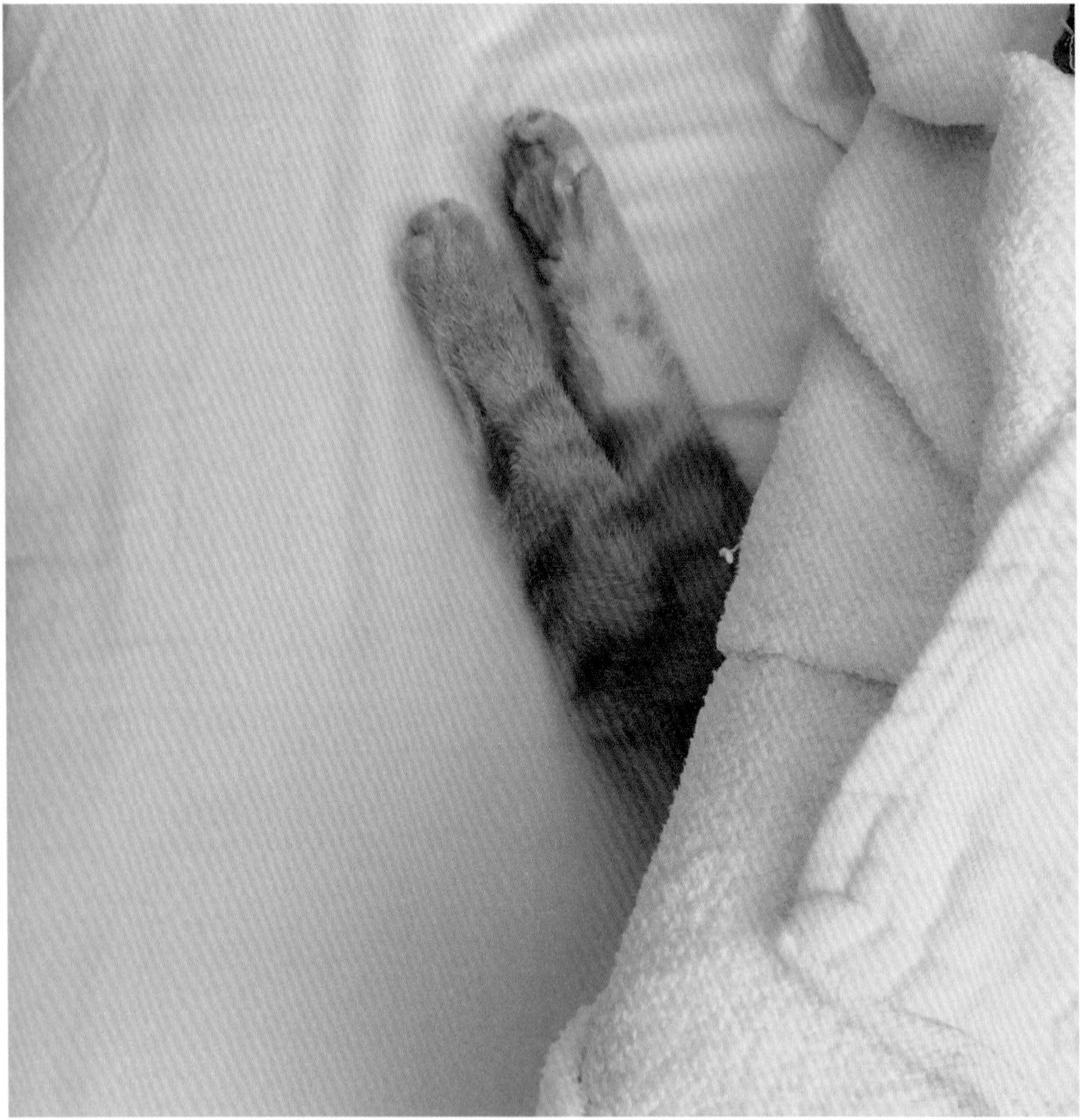

2017/7/4 ハ

そんなわけで
もう寝てますから
おこさないでね
ゆきちゃん上に乗らないでね
おやつのときだけ
こえをかけてね
おねがいよ

2017/7/4 ハ

ごはんをたべました。
たおるをかぶってると
こころがやすらぐので
こうしています。
みなさんもたおるをかぶってみてください

2017/7/5 ハ

たおるをかぶって寝て、
あさがたには
おかーさんのおふとんにもぐって寝た。
かんぺきではないけど
くしゃみもへってきています。
たおるかぶり、は
せかいからねこがきえたなら、の
きゃべつくんに似てると
みんなが言うから見たら
びっくりするほど似てました
ただぼくは
らいおんなので、すこしちがいます。
おかーさんせんたくばさみ
ください

2017/7/6 ユ

今日の夕方
東の空に、おおきな猫。
こっちをみて
手を振ってるように見える。
空にいるみんな。
げんきですか。
わたしはげんきです。

おかーさんがらぐを買ってきた。
迷ったあげく、てーぶるのしたに
らぐ、をしきました。
なかなかいいんじゃないかとおもって
見にいったら
しろねこがいたんです。
けんかしたままのしろねこです。
目を合わさないようにしています

2017/7/16 夕

ぼくの記憶がただしければ
この、横にいる
みどりいろのまるい子は
あたらしくきたこだ。
はにちゃんは
このこをみたとき
すいちょくにとびあがって
おふとんに隠れた。
ぼくとしては
新入りだから、いろんなこと
おしえてあげたいとおもう。
みずをのむばしょ、とか。

おかーさんさぁ
テーブルの下にいる
みどりのこ、
あの丸いこ、
ごはんたべてないきがするけど
かなり内気なたいぷよね
ぼくの
かっこいいおやつ
すこしならあげてもいいけど
ほんとすこしだけよ

2017/7/20 ハ

ぼくとたびちゃんは～
いつもいっしょ～に
いるんですぅ
それは
たびちゃんが～
ぼくのことを～
すきでたまらない～からぁ～
（歌唱　はにオン）

2017/7/25 ユ

はちみつ山発見
はちみつ山 はっけん
どうしますか。

はちみつ山を覗こうと、再度訪ねたら
山の神が出てきてました
…
ざんねん。

2017/7/27 ハ

朝から叱られたんです
おかーさんに
叱られました
たびちゃんと
家じゅうを走りまわりました
かなり走りました
さいごは寝てるおかーさんの上に
じゃんぷして飛び乗りました。
とても叱られました

ひるま、ぼくはたびちゃんと
お留守番でした。
わりとるすばんは多いです。
だいたい
かくれんぼか追いかけっこか
おひるねをしています。
それから
ぼくとたびちゃんは
むつごです。
六つ子。
ほかに、めいちゃんと、アリスちゃんと、
えーと…あと二匹います

※ひなちゃんとレイちゃんがいます。

2017/8/3 ハ

きっちんに
のったらいけないと
おもっていますが
先にのったのは
たびちゃんです。
ぼくはたびちゃんを注意するために
あとでのりました

2017/8/8 夕

むしあつくて
まるでぷーるのなかにいるかんじ。
このクッションカバーは
まほうのじゅうたん
ここで眠ると
よいゆめがみられるかんじ。
おかーさんが隠してる
すてきなおやつのゆめを
みる。

2017/8/8 ハ

ぼくは見張っている
おやつのありか
おかーさんがかくしてるへそくり
あいすくりーむのゆくえ
宅配のお兄さんが
きたらすぐおふとんのなかに
もぐりこめるように
けはい、を
みはっている

花。
２０１４年に12歳で天国に行った花です。
どこもかしこも
チョコレート色のラブラドール。
姿は見えなくても、そこかしこに
花の気配はあり、雪のなかにも、わたしは
花を感じる時があります。

2017/8/11 ハ

ガラスのおくに
はちみつ色のライオン。
年齢は1歳
おかーさんは
ぼくがここにいることに気がついていない。
鈴虫が鳴いてるから
気配を消すくんれんを
じしゅてきにしている

ライオンのじしゅてき訓練
2日め
あめふり
おかーさんは宿題。
こんなところにも立てるように
なりました。
たびちゃんにはできません

2017/8/13 ハ

えー
なつやすみの自由研究として
数ある「こうほ」のなかから
ぼくは
たびちゃんがどれだけ寝てるのか
かんさつすることにしました。
おとといは22じかん、
きのうは22じかん
ねていました。
そのほかにしていることは
ごはん、てれび、
おいかけっこ、にゃんこぷたーあそび
でした

8月17日
パイナップルの日
ぱいなっぷるは食べたことがありません。
きょうも曇っていますが
ぼくは素敵にすいぶんほきゅう。
おかーさんは宿題
がんばってください

8月19日 どようび
少し晴れ☀ きょうのよてい

ひるね
ごはん
おやつ
ひるね
おやつ
ひるね
にゃんこぷたーあそび
おやつ
ひるね

かくれんぼ
ひるね
夏休みのじゆうけんきゅう

おやつ
ごはん
ひるね
ごはん
ぷらじゅー
ひるね
つめきり
ひるね

※2017年にWOWOW放送されたドラマ「プラージュ」

帰宅したら
この靴が二足、リビングに放置してあった。
玄関にあったはずなのに…
しかも二足。
ブーツに付いてるフェイクファーはボロボロ。
猫がくわえて運ぶにはかなり重たい靴です。
雪は居ないし…
二匹で力を合わせたのか。
しかもリビングまでわりと距離があります。

反抗期。
人間なら中学生くらいかな。

2017/8/27 ユ

避暑地にいる雪の写真が届きましたー!
朝からボーイフレンド従えて
森の中をお散歩… 訓練士の稲尾さん、いつもありがとうございます。
ゼロとソフィ、いつも雪と遊んでくれてありがとう。

2017/8/28 ハ

ぶーつを
おかーさんにとられた
ぼくが苦労して、たかいところにあるやつを
つかまえたのに
おかーさんが、とびらのついた壁のなかに
かくした。
ぼくは、ぶーつをおかーさんに見せて
すごいねと言ってもらいたかったのに。
おかーさんのばかやろう

おかーさんと写真をとった。
どうも、ぼくと仲直りしたいらしい。
おかーさんは
じぶんがいぢわるだと
みとめたんだとおもった。
ぼくはわるくない

2017 autumn

2017/9/16 ハ

おかーさんおかえり。
ともだち連れて来たよ。
となりのへやに、いた子たちだよ。
ぼくがつれてきたんだよ

（帰宅したら、ありえないともだち、リビングに連れて来てました…）

ぼくは
ファービーとるすばんしていた。
たびちゃんは
おかーさんと病院へいった。
あしがいたいからだ。
さっきかえってきて、
いたみどめのちゅうしゃを
したんだって。
ちゅうしゃをしたたびちゃんは
ぼくにはまぶしすぎます。
たびちゃんは、げんきです。
たいしたことないそうです

2017/9/21 夕

ハニオコーナー。

2017/9/21 夕

はにちゃんのコーナーは
とても赤ちゃんぽい。
でもはにちゃんは赤ちゃんだから
しかたない。
ぼくのコーナーはここです。
とてもおちついた、
大人のコーナーです。

2017/9/27 ハ

おかーさんおかえり。
きょうはぢょゆうだったの？
ながいせりふ、言えたの？
れんしゅうのときは
ぜんぶヘタだったけど
だいじょうぶだったわけ？
かけだしだから
ごめいわくをかけないように
しっかりしてね。
あと、ぼくは
まつ毛がながくて
二重です

2017/9/29 ハ

おかーさん
ふりまってなに？
たべるもの？
え、もう着ないものとか
だすの？
ぼくのよだれのついたタオルは
ぜったいださないでよね。
洗うのもだめだからね

2017/10/3 ユ

おはようございます。
本日10月3日
わたくし誕生日…
自分で書くと照れますな…

写真はおととい、ちょっとお邪魔した板谷由夏ちゃんのお家で
サプライズなお祝いをしていただいたときのもの。
ありがとう。
いつもわたしを、見守ってくれてありがとう。
嬉しかったです。

2017/10/3 ハ

誕生日のひとはだれなのか。
たびちゃんじゃないらしいし
ゆきちゃんもちがう。
もしかして、
もしかして、
いや
ぜったい、
…ファービー??

2017/10/5 ハ

え？
おかーさん誕生日？
そんなはずないよ
おかーさんはぼくと
同じ誕生日だから

おかーさんはいま1歳だから。
ぼくとおなじだから

2017/10/11 ユ

しつこい
ハチミツいろのオトコと
しろねこに
くっつかれて
仮眠する。
これが幸せなんですわ。
困ったことに。

きょうのよてい

ひるね
ごはん
おやつ
ひるね
おやつ
つめきり
おいかけっこ
ひるね
おやつ
いぬくんれん

ひるね
おやつ
にゃんこぷたーあそび
ひるね
ごはん
ふりょうのべんきょう

おやつ
ひるね
ごはん
おやつ
ねぷりーぐ
ひるね
おやつ
けつくろい
ほんよみ
ひるね

2017/10/17 ユ

久々の雪です。
はにたびよろこんでいます。
おかえり。

雪ちゃんが
おかーさんにくっついて寝るから
ぼくとたびちゃんの場所が
少し減った。

あたまのほうか、
足のほうに
追いやられている。
すこしえんりょしてほしいと
おもっています

2017/10/21 ハ

雪ちゃんびいきの毎日です。
ごはんも雪ちゃんが先で
おいしそうなカミカミも
もらってます。
ぼくたちは
質素なおやつと、ふつうのごはんだけ。
でも
ぼくはリーダーだから。
しっかりしなくてはいけないと
おもいはじめています

我が家に海がやってきた。
ずっとずっと欲しかった
ホンマタカシさんの波の写真。
うれしい。
ハワイの朝の波。
見ているだけで幸せな気持ちになります。

きょうは
たくさんのひとがきて
「うみ」を置いていった。
「うみ」は、
このへやにきて、水飲み場も
わからないから
ぼくが教えたりする。
ぼくはリーダーだから。
たびちゃんとゆきちゃんは
ぐうぐう寝ている。
とてもたよりない

2017/10/22 ハ

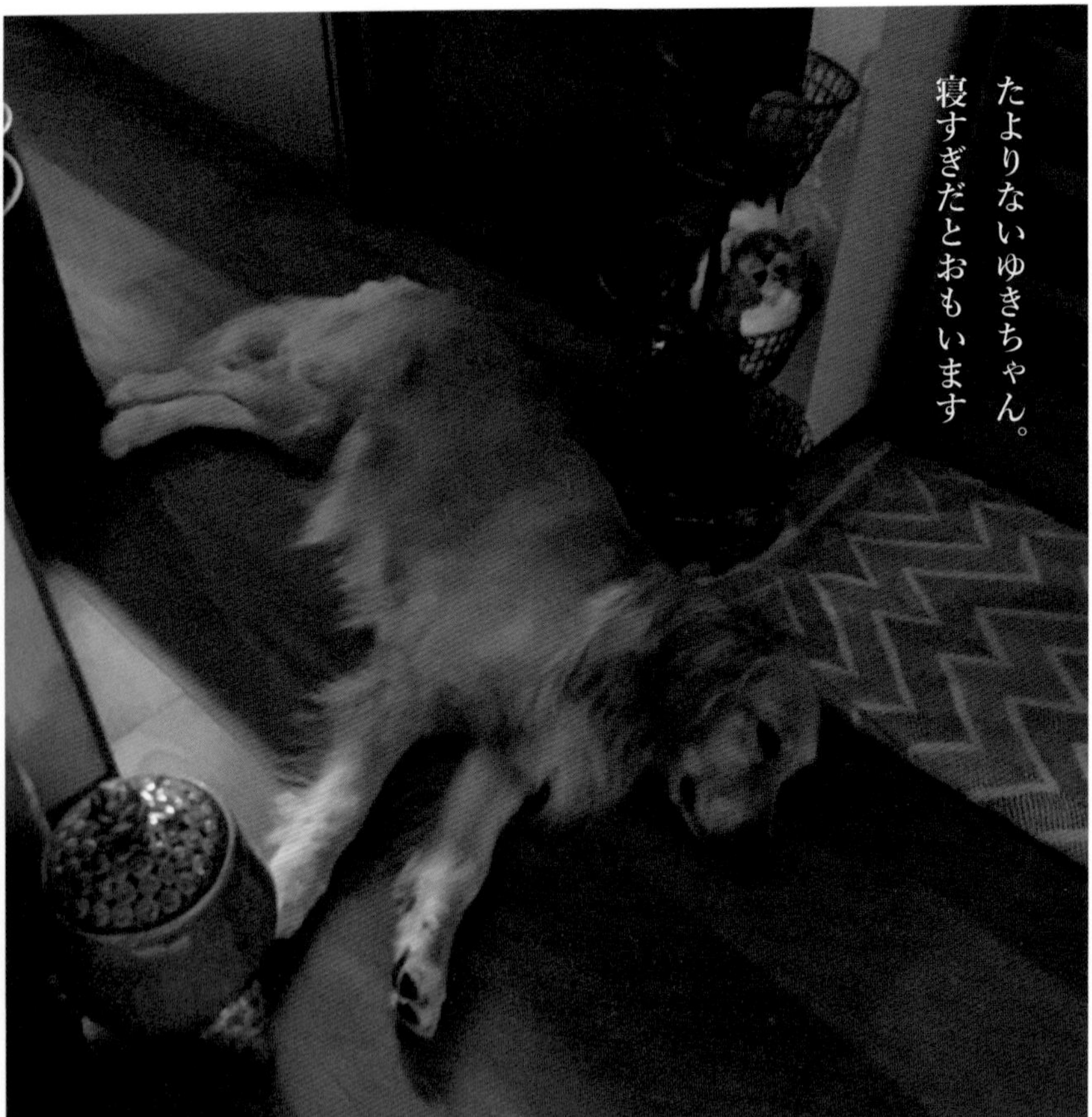
たよりないゆきちゃん。
寝すぎだとおもいます

2017/10/22 ハ

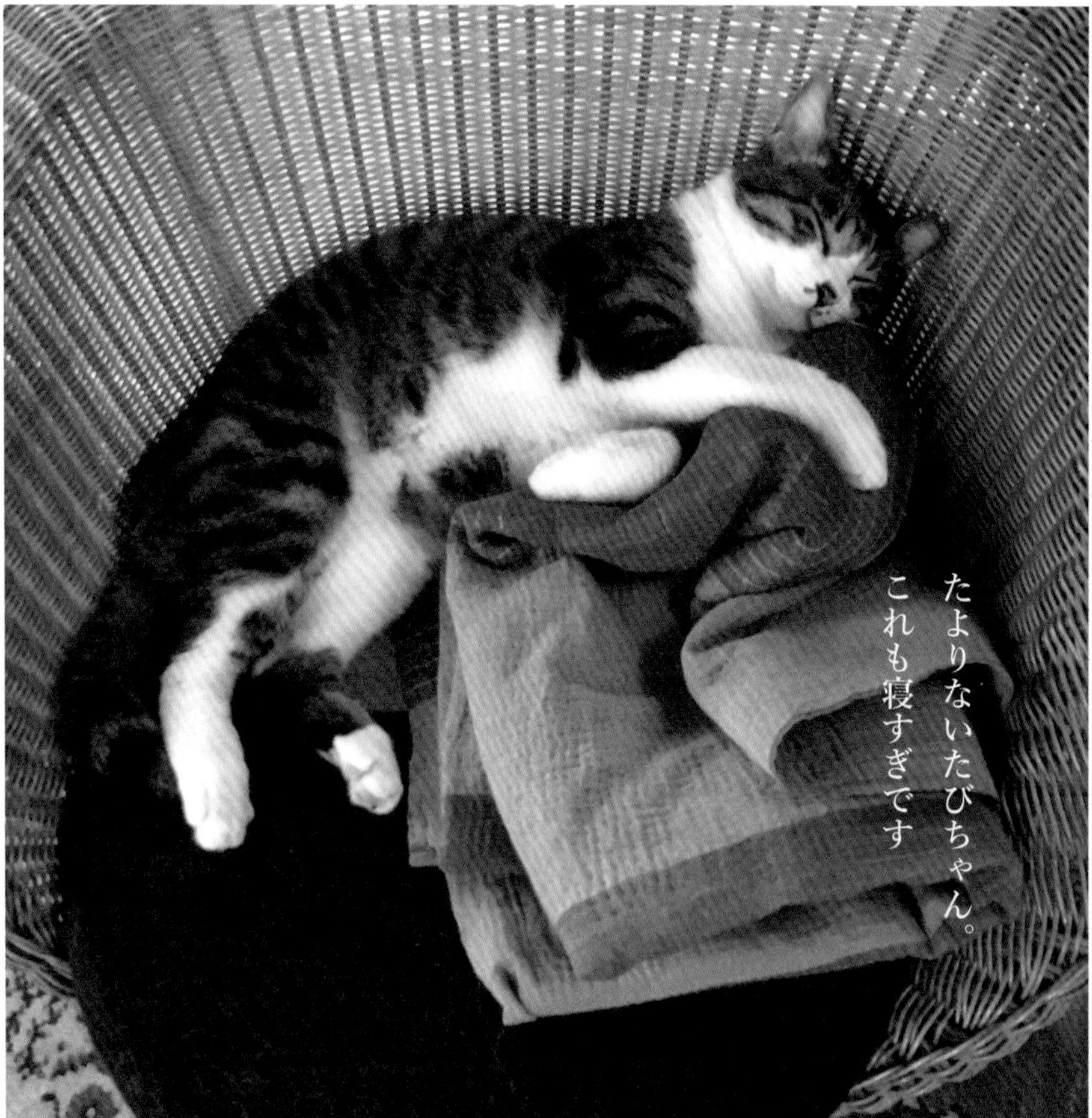

たよりないたびちゃん。
これも寝すぎです

2017/10/24 夕

昨日の夜のことでした。

はにちゃんがあしをすべらせて
こっせつ、してしまいました。
左後ろ足です。
おかーさんがいたので
よかったです。
すぐに病院にいって、
にゅういんになりました。

きょう、しゅじゅつです。
病院の先生は
手術したらかんちするから
しんぱいいらないといったけど
おかーさんは
自分の不注意だったと
おちこんでいます。
はにちゃん、がんばれ。
だいじょうぶだからね。

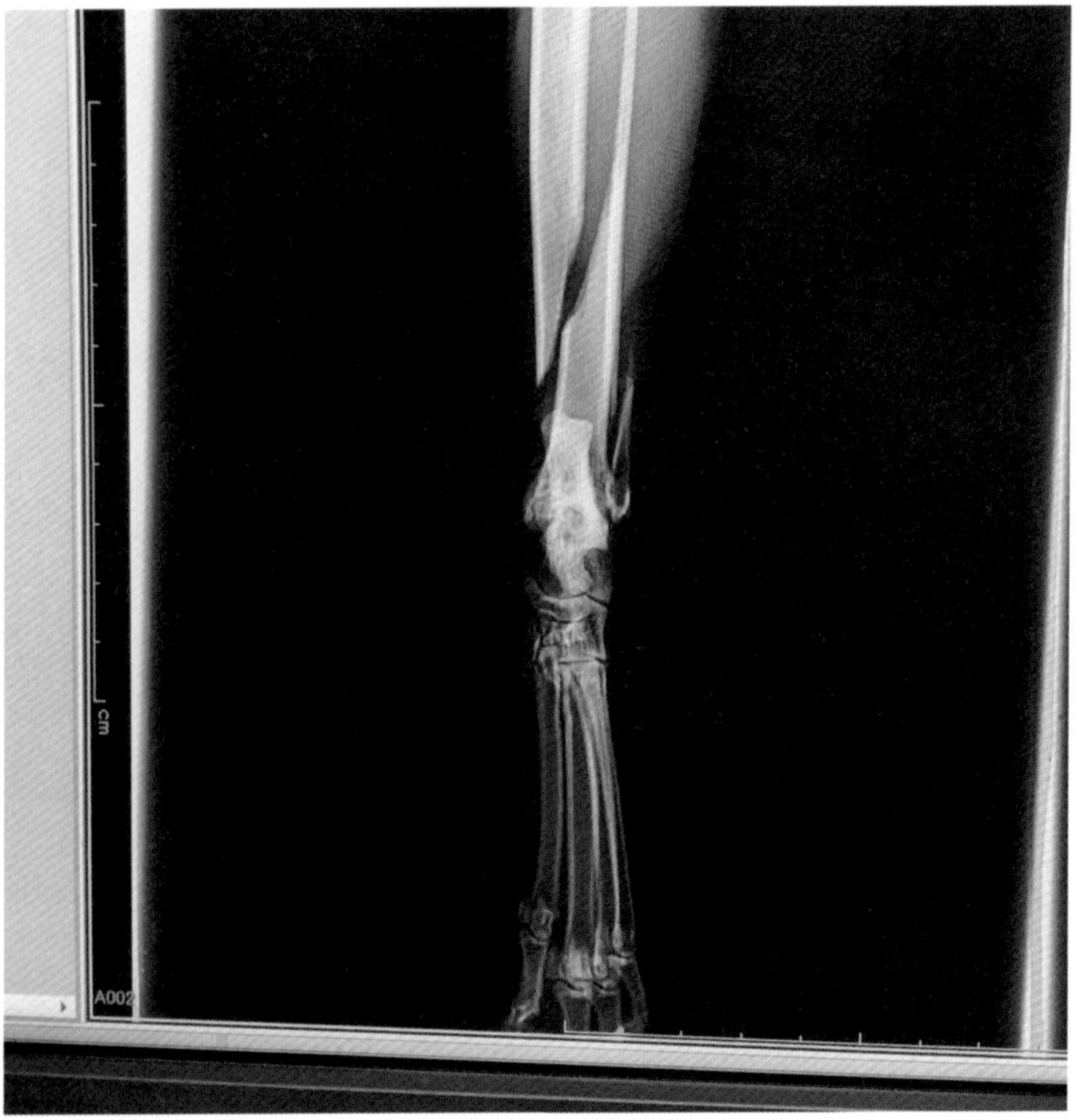
cm
A002

2017/10/24 ユ

ぽっきり。
はに坊。
ひとみしりで甘ったれなので
入院していまどうしているか
心配ですが
先生よろしくお願いいたします。
ハニオ、大丈夫だからね。
寝てたら終わるからね。

2017/10/24 ユ

ハニオ、無事に手術終わりました！つながりました。
先生ありがとうございます。
ハニ坊よく頑張りました。
まだ寝てます。

ハニオのおみまいに
行ってきました。
わたしの顔を見て大騒ぎ。
帰るときは自分も帰ると大暴れ。
ハニオ、もう少し安静に
していなくちゃいけないんだよ。
あしたまたくるからね。
おかーさんは後ろ髪引かれながら帰ります…。

2017/10/25 ユ

ハニオ、
病院でごはんを全く食べず、
わたしがお見舞いに行くと
自分も帰ると大騒ぎ…
安静にしていることを条件に
帰宅を許されました。

段差のない
隔離された部屋、ということで
和室…
どことなく
「極道の妻たち」を思い出す写真…

ハニオ
やはりうちに帰って喜んでいます。
ハニオよく頑張ったね。
えらかったよ。
おかえり。

2017/10/25 ユ

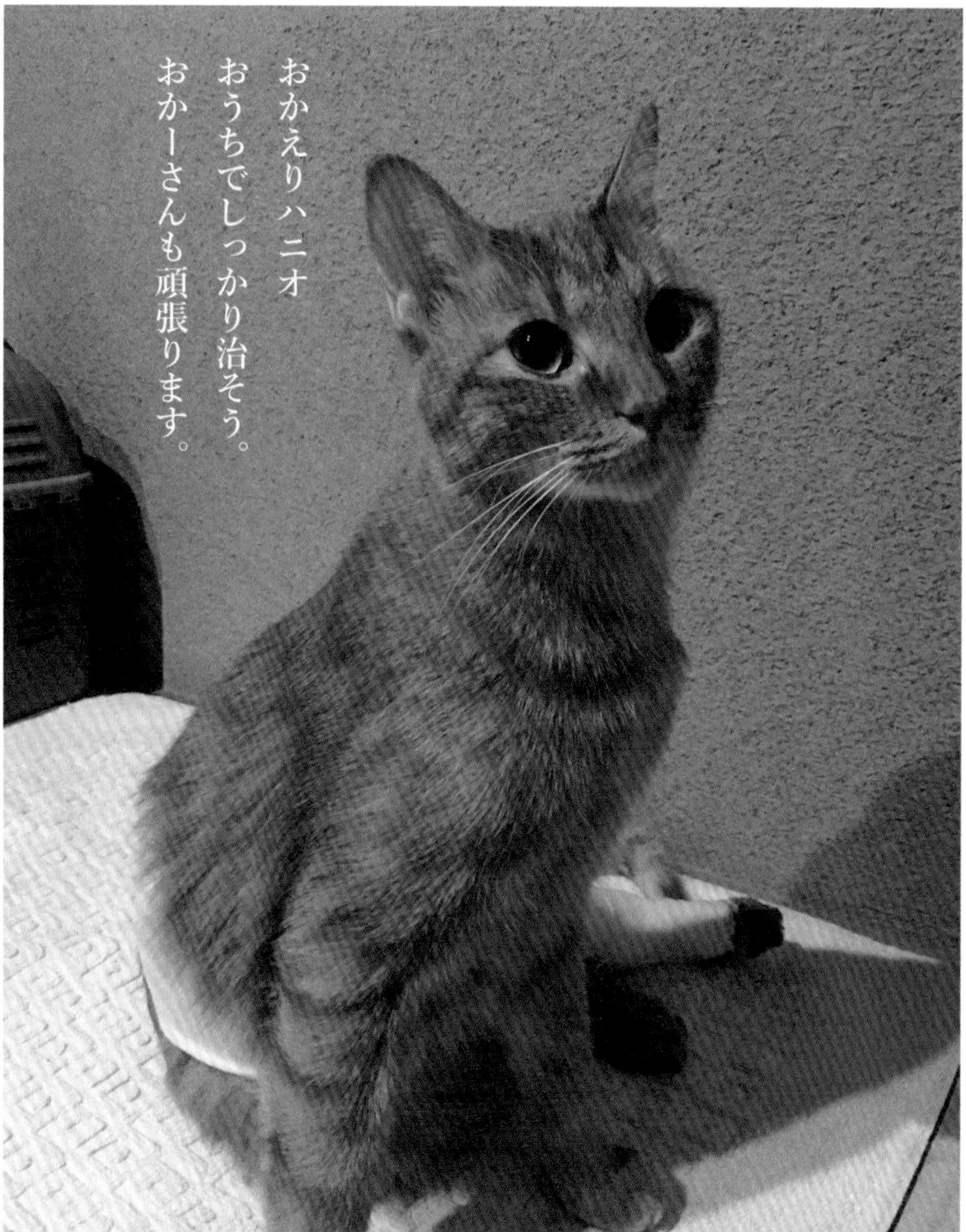
おかえりハニオ
おうちでしっかり治そう。
おかーさんも頑張ります。

和室暮らし。
わたしもここにお布団を敷いて寝ています。
水を飲むハニオと
見守るタビ。
きのうはお布団に潜り込んで
よく寝てました…。

2017/10/27 ハ

ぼくは
こっせつした。
おかーさんがいたので
すぐにけーじにいれられて
びょういんに連れていかれた。
にゅういんと
しゅじゅつを
がんばった。
ごはんは、食べる気にならなかったから
たべなかったら、
3日目におかーさんが
せんせいとはなしておうちに
かえることになった。
ぼくはおうちでは
おかーさんの手からごはんをたべている。
とてもおとこらしい

2017/10/27 ハ

たたみのおへやは
ぼくのへやになった。
たびちゃんが時々
遊びに来る。おかーさんはここで
ぼくと寝る。
そんなまいにちです

ぼくのお部屋にくるときは
かならず
てみやげを
おねがいします。
のっくは5回
しずかにこんこんこんこんこん、
としてください。
てみやげを
たたみにおいて、
はちみつやまの神様、
ぐあいはどうですか
と
きいてください

ハニオが骨折して自宅療養になってから連日、妹が犬係として
出動してくれる。
雪を連れ出して散歩してくれるのです。
ありがとう犬係
焼き鳥もありがとう。
本当に助かっております。

きのう
ぼくのおへやに
ひかりんごおばちゃんがきた。
ファービーをつれてきた。
ファービーは
おみまい、というものを
わきまえていなかった。
てみやげもなくて
てぶらだった。
教育しなくてはいけないと
こころのなかでおもった

2017/10/29 夕

はにちゃんのお見舞いに
行った。
はにちゃんは
どうもさいきん
ちょうしにのっている。
みんなが優しくするからだ。
ぎぷすも、
かっこいいとおもってるみたいだ。
おいしいごはんもたべてる。
あまやかすのは
ほどほどにしたほうがいいとおもう。

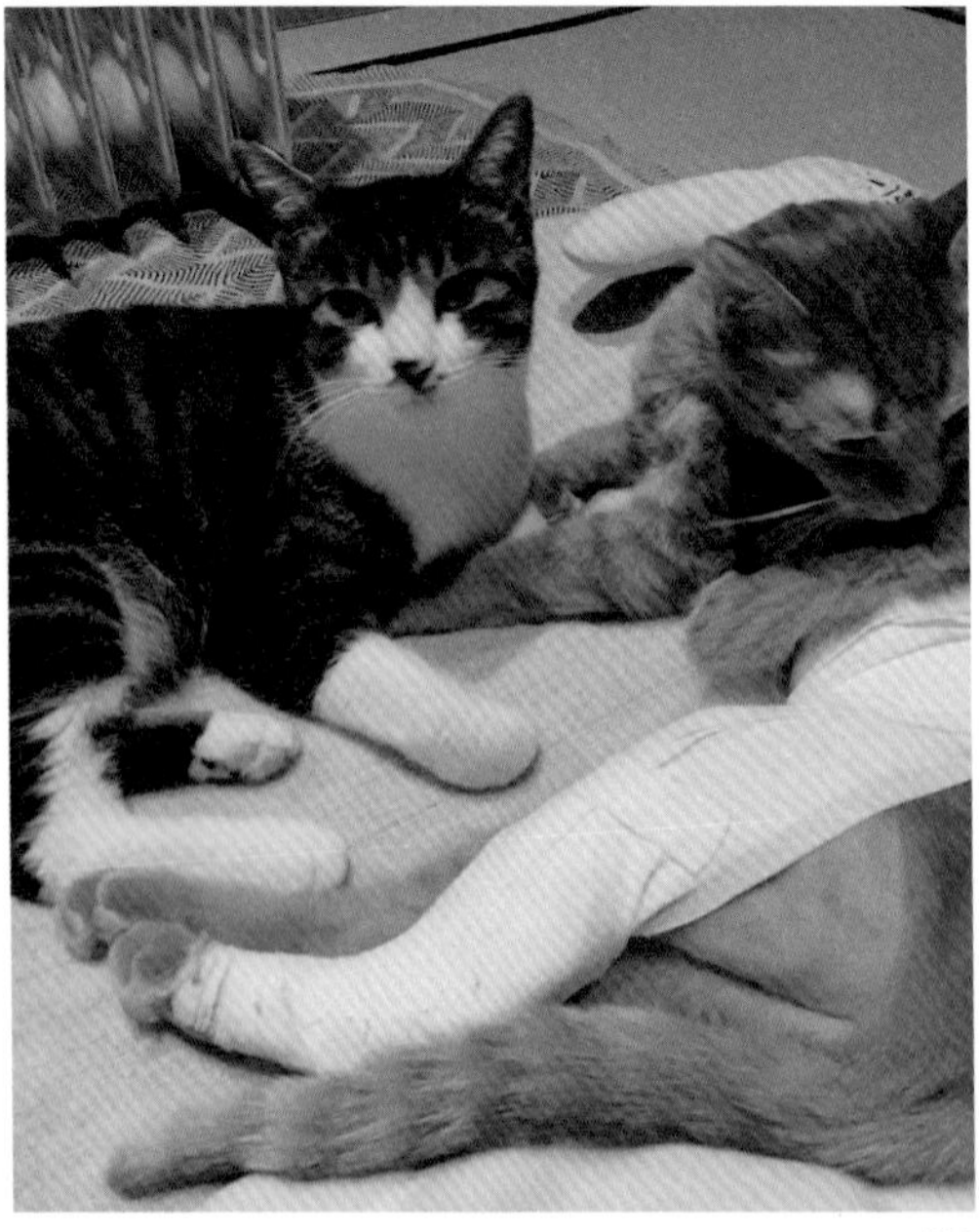

2017/10/29 ハ

ぼくは日に日に元気になって
きている。
食欲もだいぶもどってきて、
おかーさんの手から
じゃなくてもたべるようになった。
でも
このうつわは
低いからたべにくい。
おかーさん
高いやつにしてください。
包帯がずれてきたから
あしたなおしにいくよてい

2017/10/30 ハ

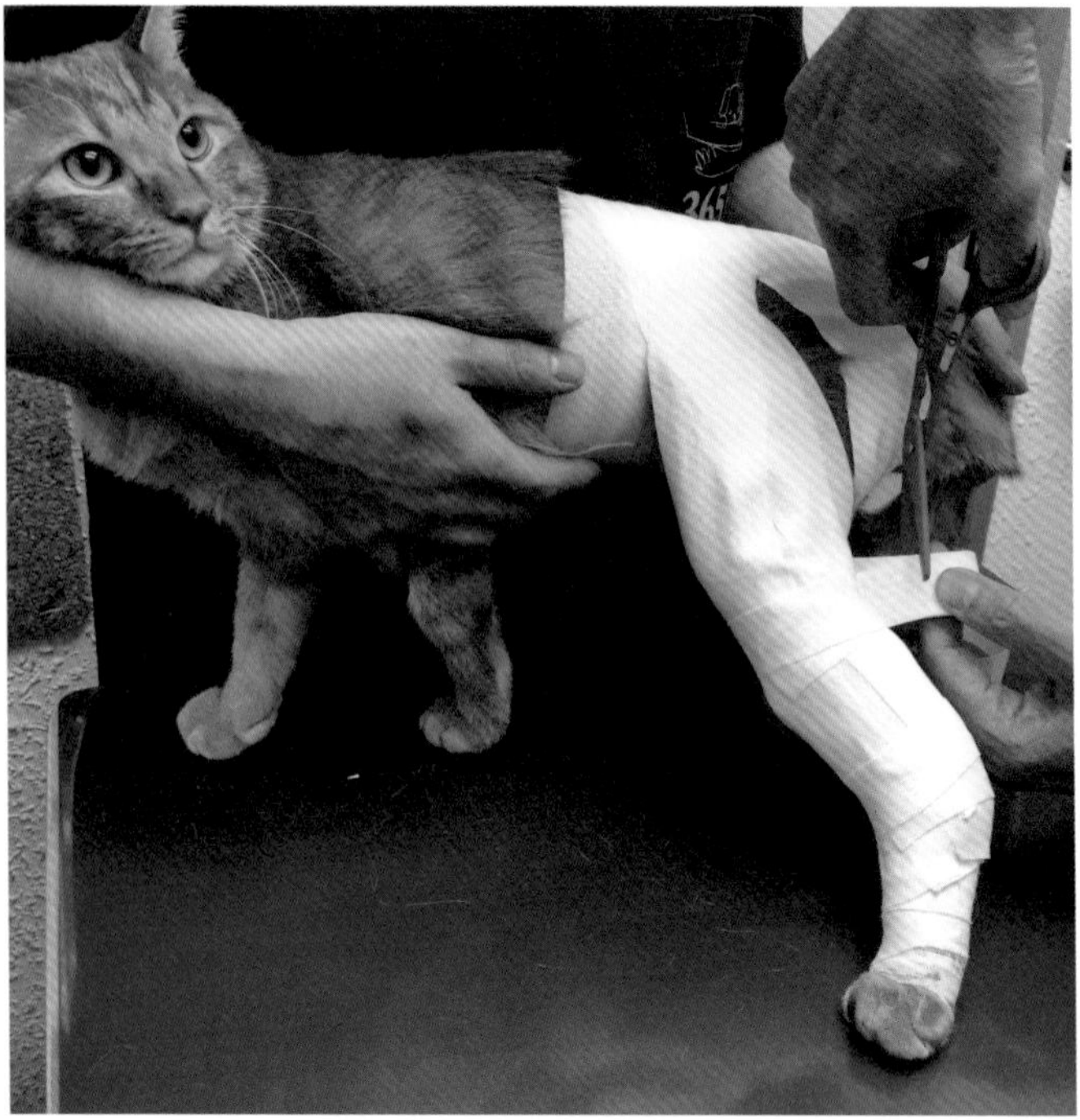

おかーさんと病院にいった。
すてきなぼくは
すてきに包帯をチェンジ。
ぼくはもう
らいおんだから
病院なんてこわくない。
尻尾がまるまってるのは
そういうのが
ふぁっしょんだから

畳のおへやのせいかつにも慣れた。
はにちゃんを寝かしつけるのは
ぼくのしごと。
はにちゃんは
なかなか寝ないので
たいへんだ。
きのうは
包帯をチェンジしてきた。
ぴんくのいろは、
この足をふまないでください、の
しるしです。

2017/11/1

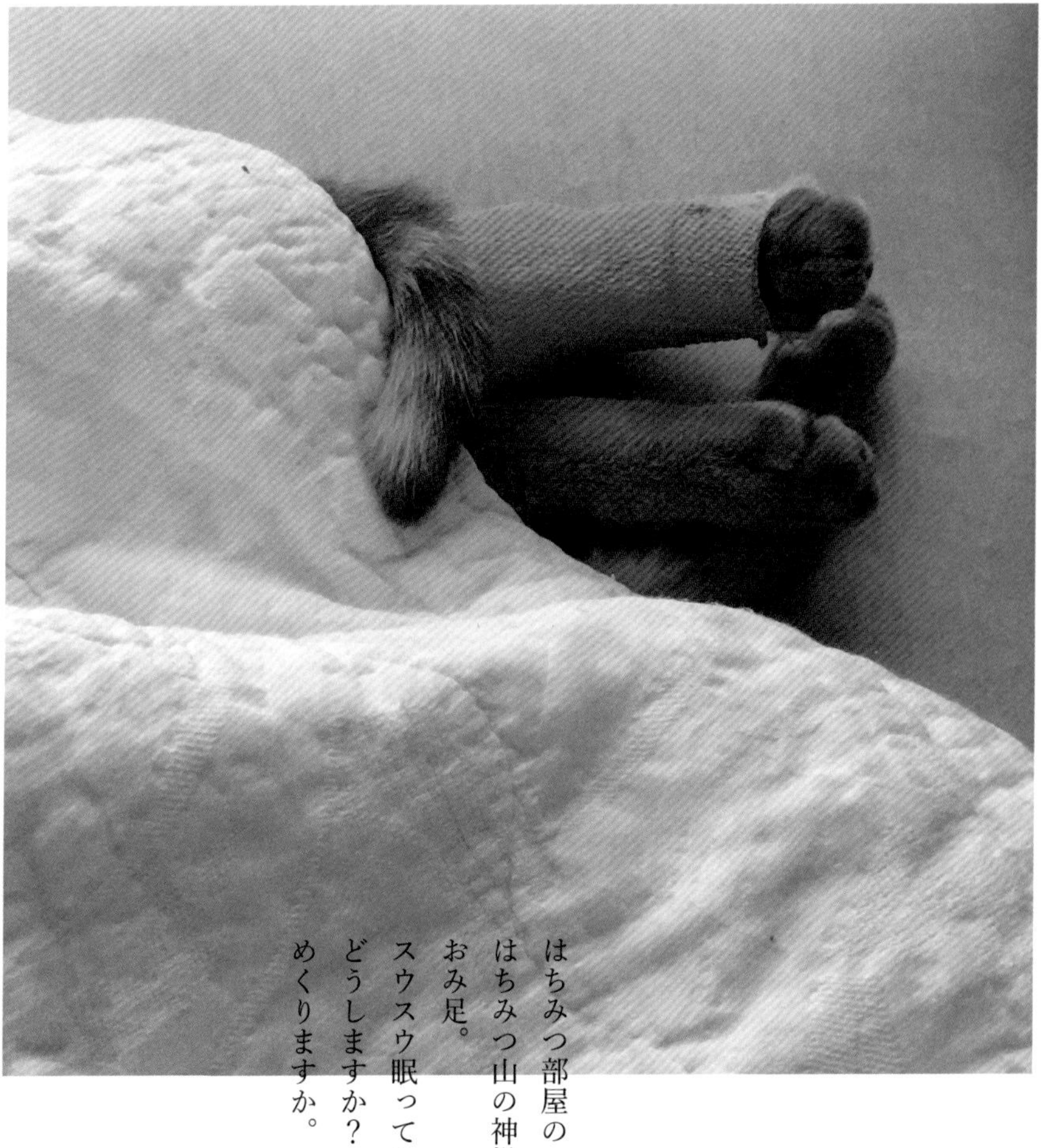

はちみつ部屋の
はちみつ山の神様の
おみ足。
スウスウ眠っておられます。
どうしますか？
めくりますか。

2017/11/2 ユ

いま、かみさまのようすを
見に行ったら
すでに形が
変わっておられました。
しずかにめくりましたら
やめろと言われましたので
すぐに閉じました。

和室から寝室へ移動した
ハニオさま。
和室の扉、破壊されそうなので
やむなくこちらに。
ふーっ。
段差をなるべく少なくするように
足場を工夫…
よく食べ、よく寝て、順調に
回復しています。

きのう
お月さまがきれいだった。
おかーさんが
もごもごいいながら
お月さまにおねがいをした。
元気のないこたちが
みんなげんきになりますように。
ぼくのともだちのクロネコのこが
げんきになりますように。
ぼくは
足がよくなってきている

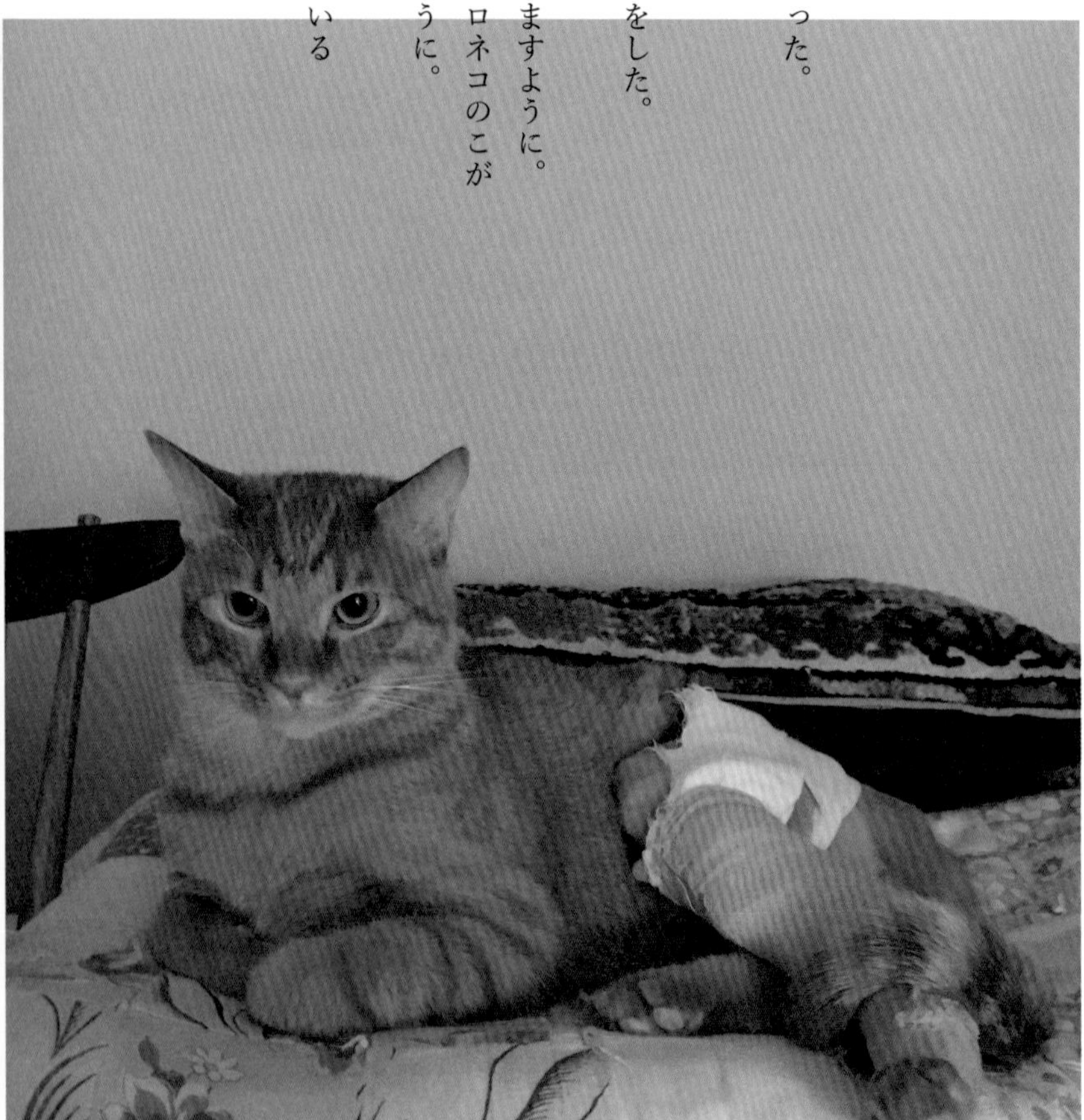

2017/11/5 ユ

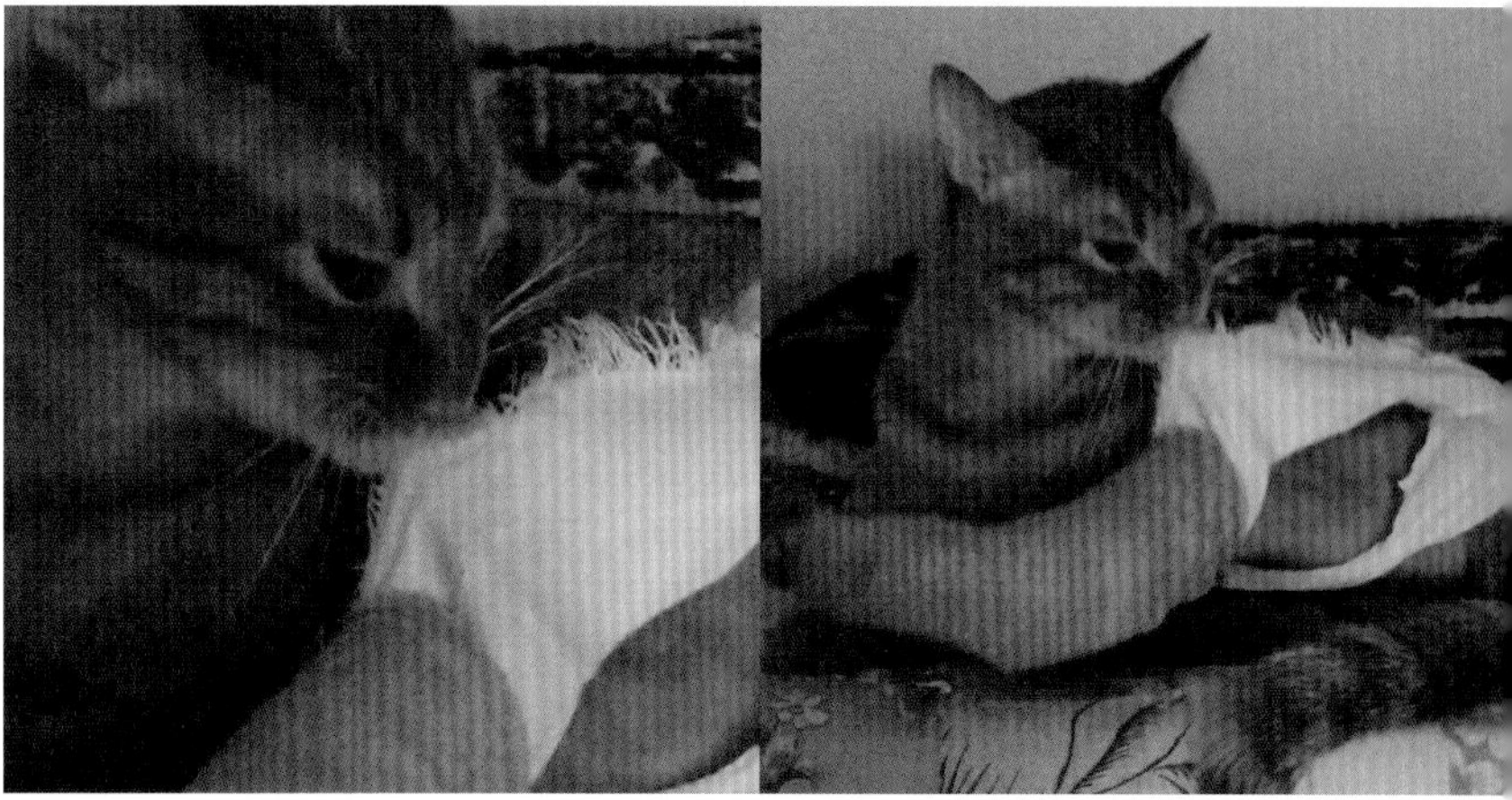

ハニオ先生
直伝の
フリンジの作り方。
良い子のみなさん、
真似してはいけません…
包帯巻きなおしにいかなくては。

2017/11/6 ユ

ハニオ先生の作品完成。
ハニーフリンジ。
余裕で寝てらっしゃいますが、
もはやこの
包帯は何の意味もなさないことが
みてわかります。
ほとんど
ぬげかけのぱんつ状態。
先生どうしますか。

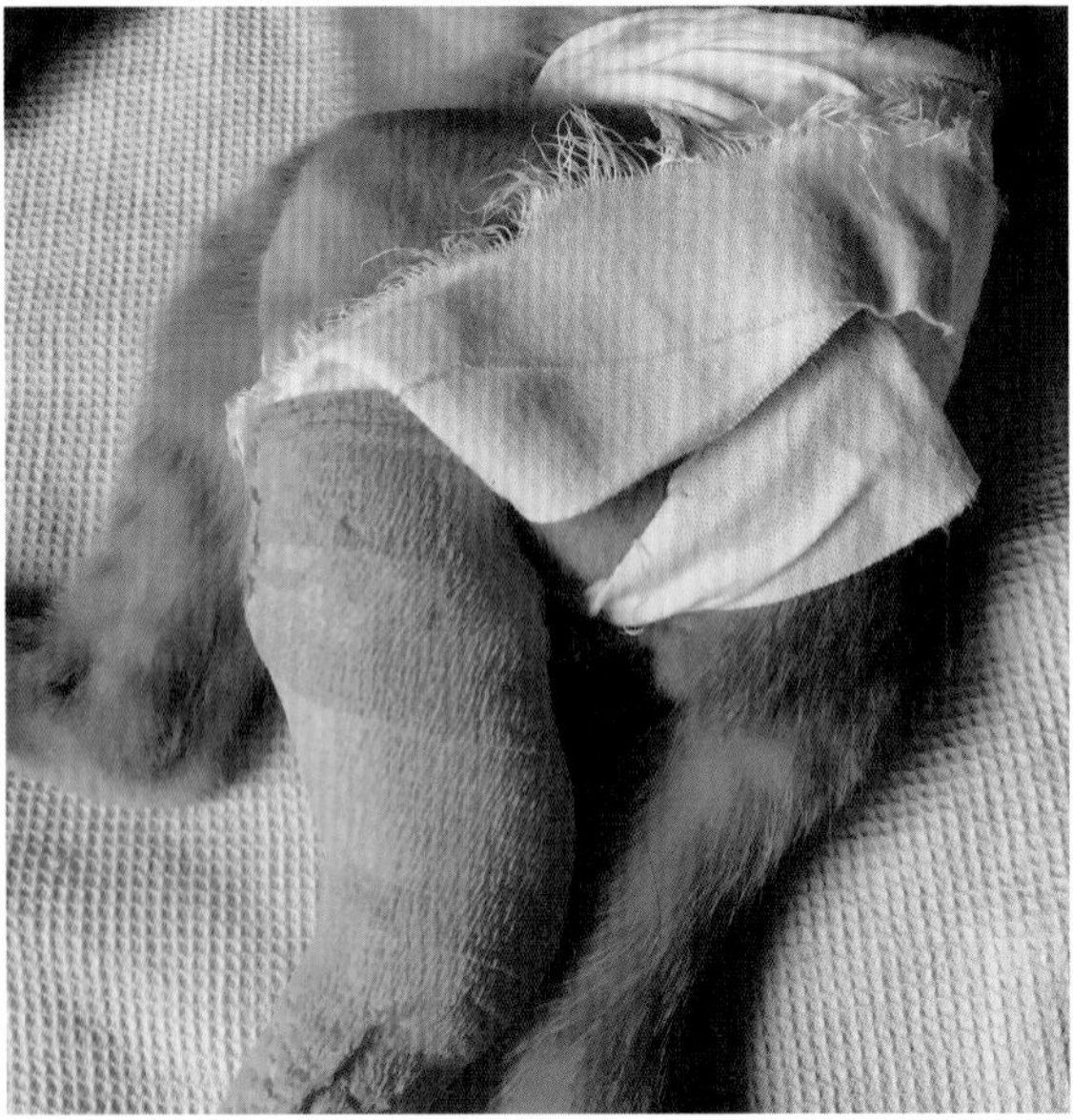

2017/11/6 ユ

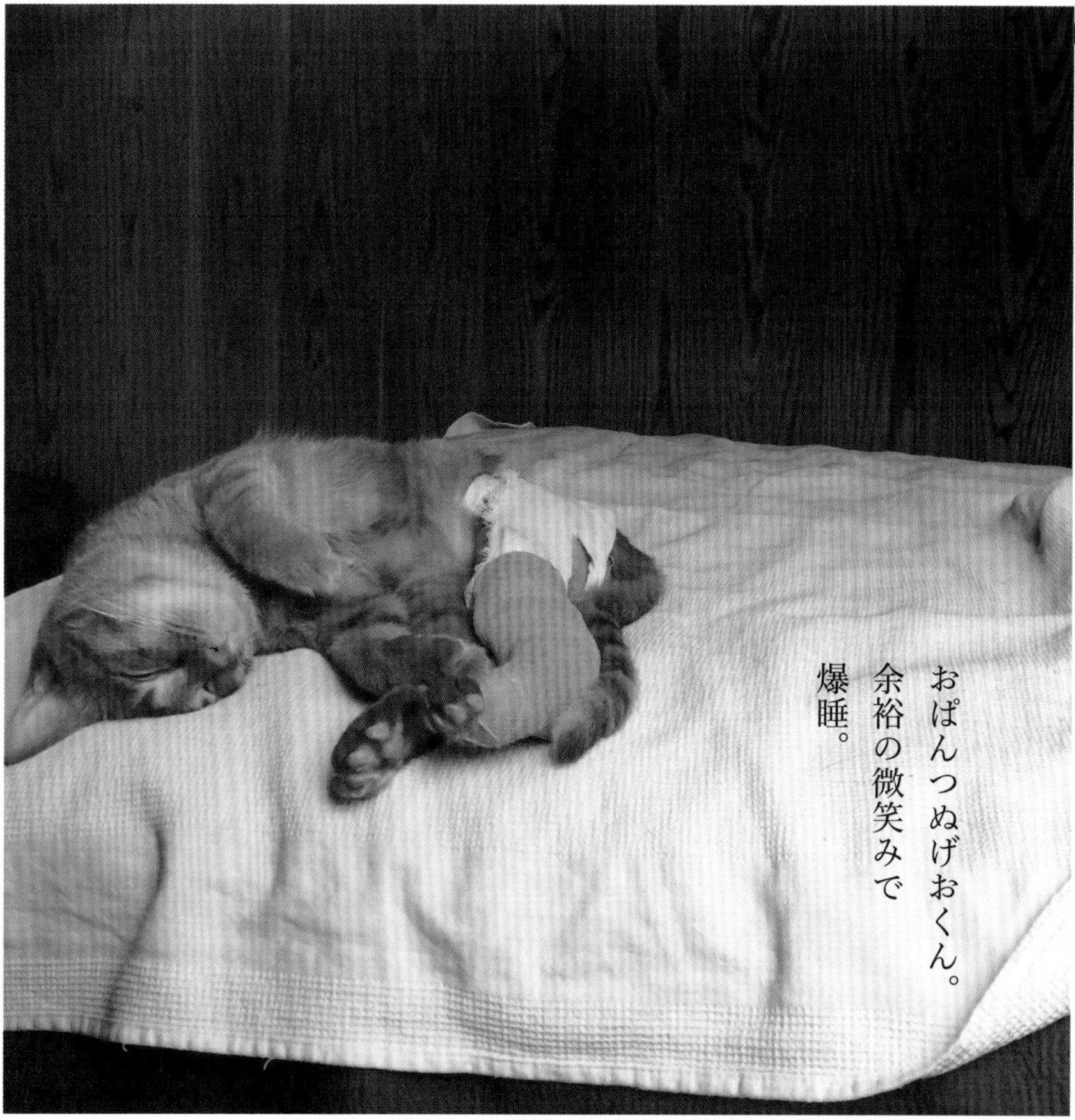

おぱんつぬげおくん。
余裕の微笑みで
爆睡。

2017/11/7 ハ

ぎぷすにもなれてきたし
ふつうにあるけるようになってきた。
最近ぼくは
かっこよくなってきた
かんじがしている。
すごくいいかんじ。
大人のライオンになる日もちかい

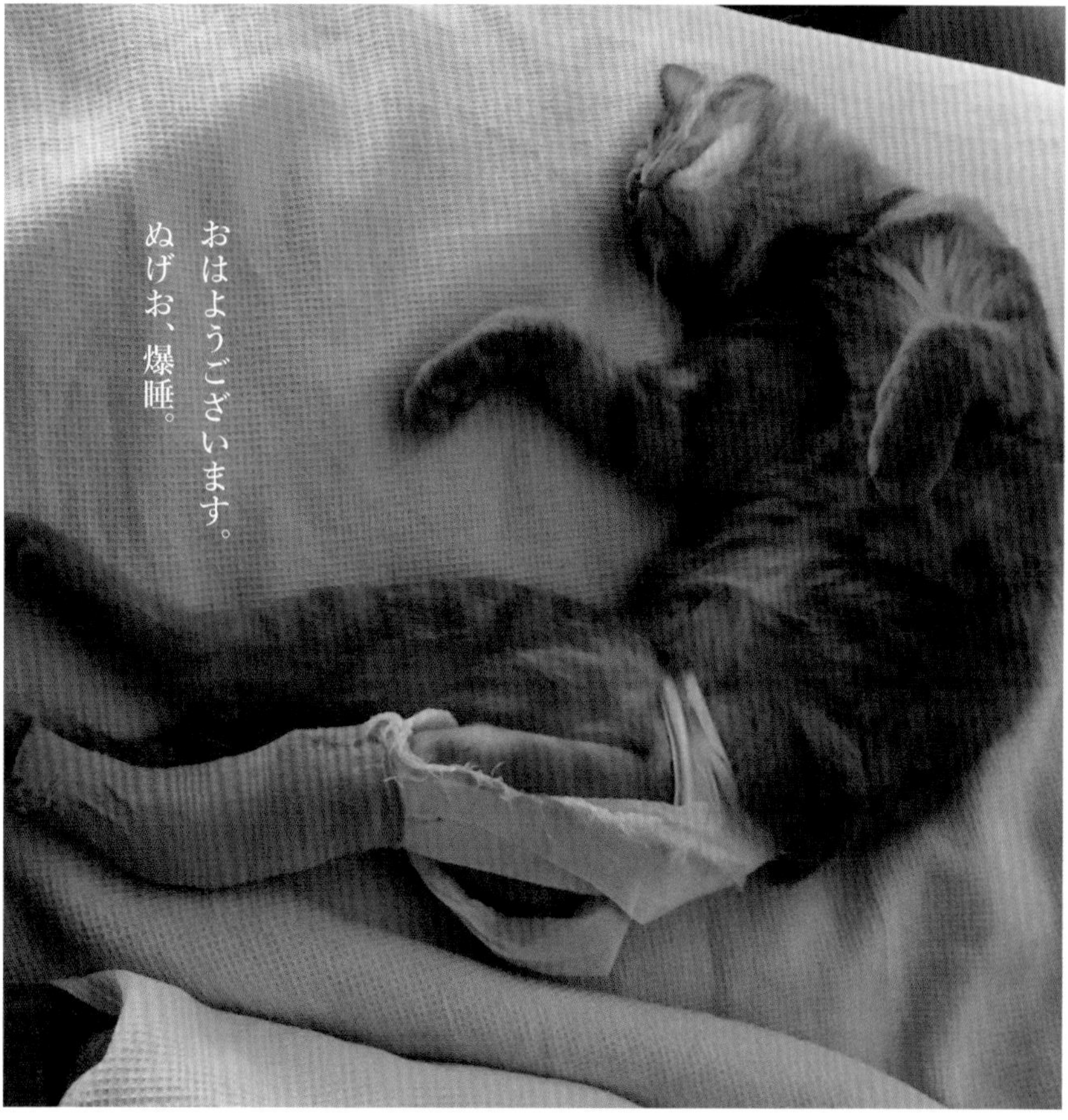
おはようございます。
ぬげお、爆睡。

2017/11/8 ユ

かえろう
かえろう
おうちへかえろう
あったかい
ごはんが
まってるよ。
からすがないたら
おうちへかえろう。

2017/11/9 ハ

ぼくの腰に巻いてる、かっこいい布は
ぼくが作ったんだよ
フリフリのフリンジも
ぼくがつくった。
ゆきちゃんがうらやましそうにみている。
おかーさんも
うらやましそうにみている

2017/11/9 ユ

おぱんつぬげおくんの1日は
90パーセント、睡眠です。
ぬげそうでぬげない
おぱんつは
あした、巻き直しです。
よれよれのフリンジよさらば。
でもまた、
ハニオ先生、製作すると思います。ご期待ください。

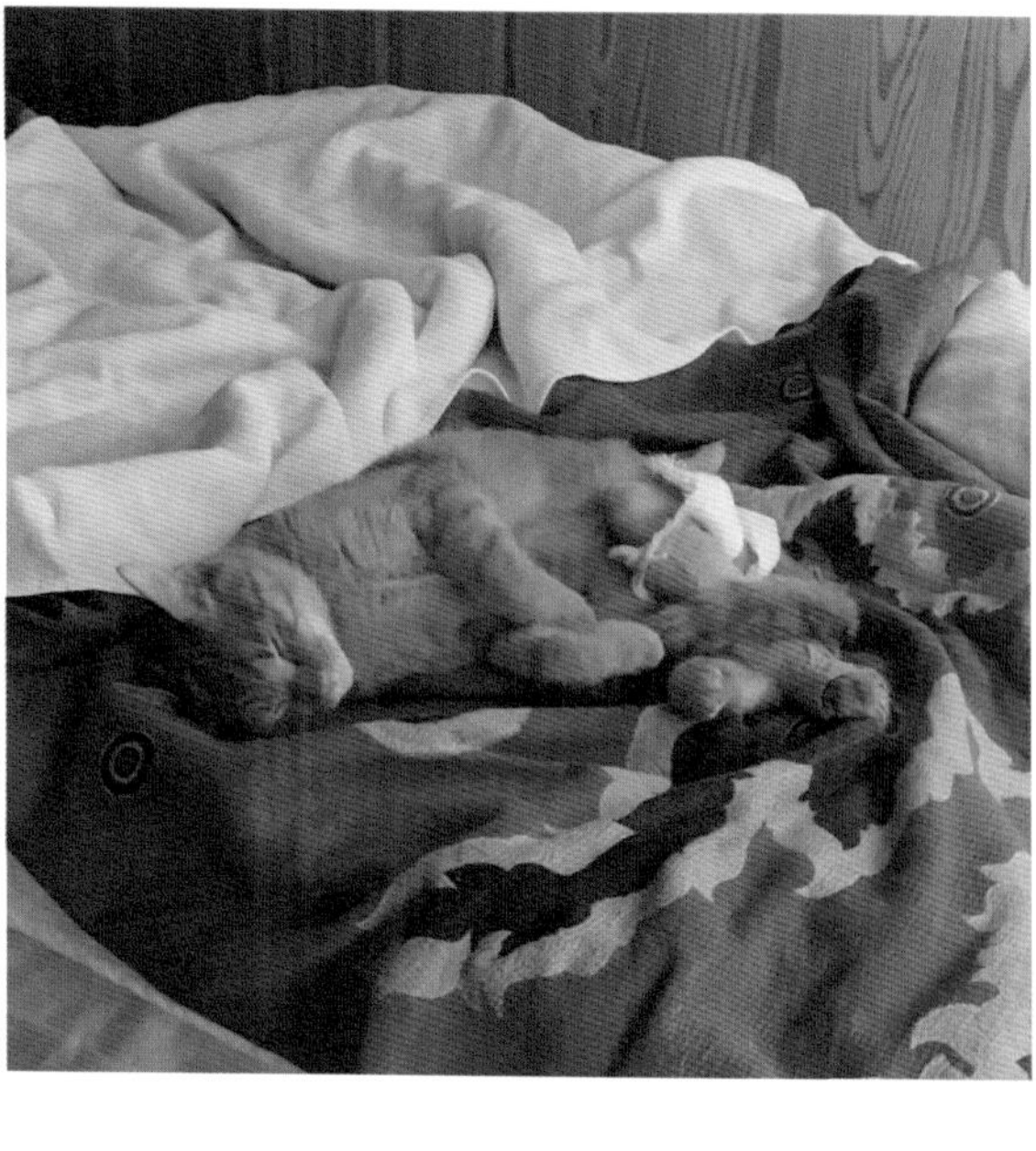

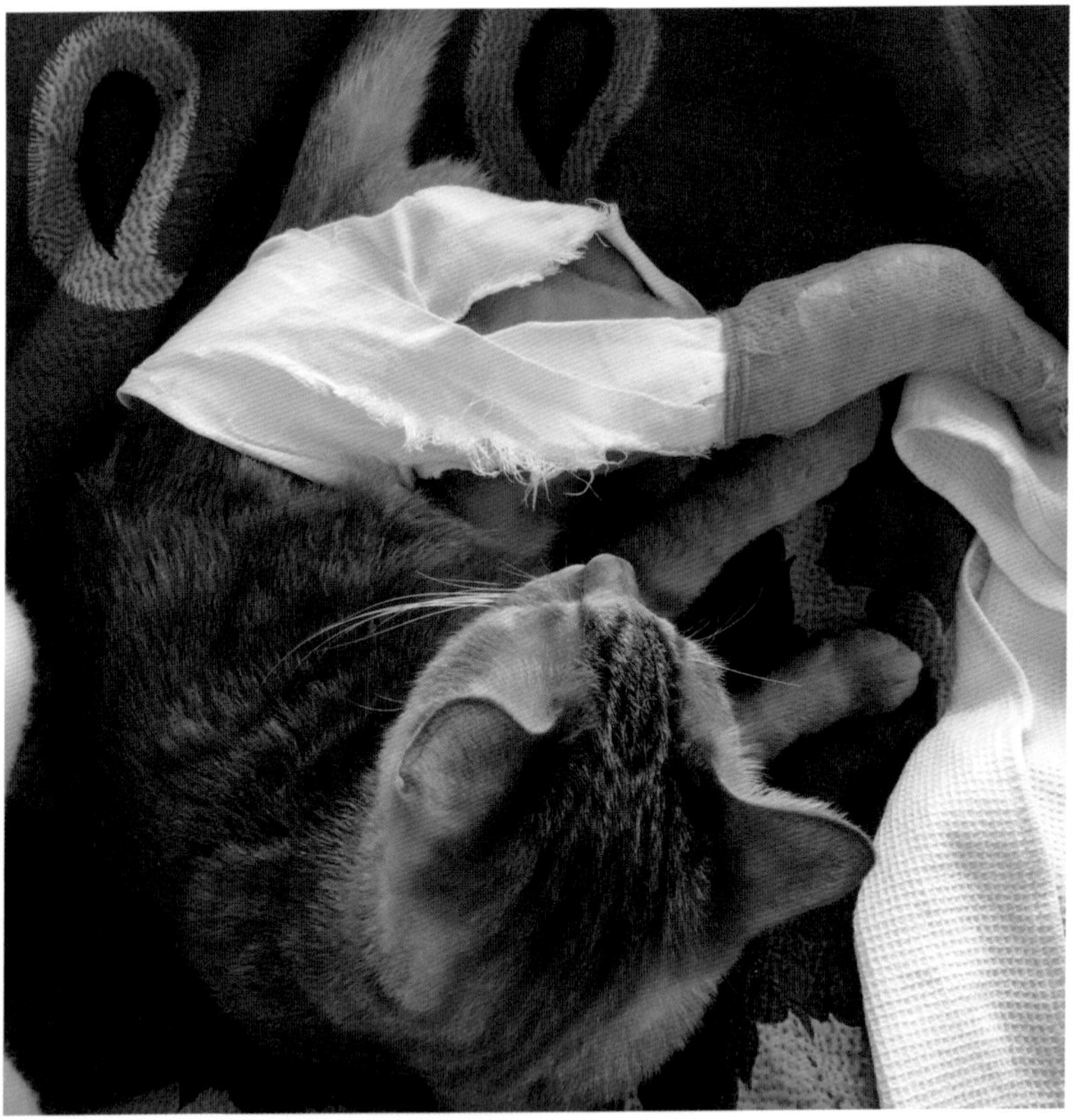

ぬげちゃんおはよう。
おぱんつ直すよ。
いいお天気だし
こんな日は
おぱんつ直し日和だよ。

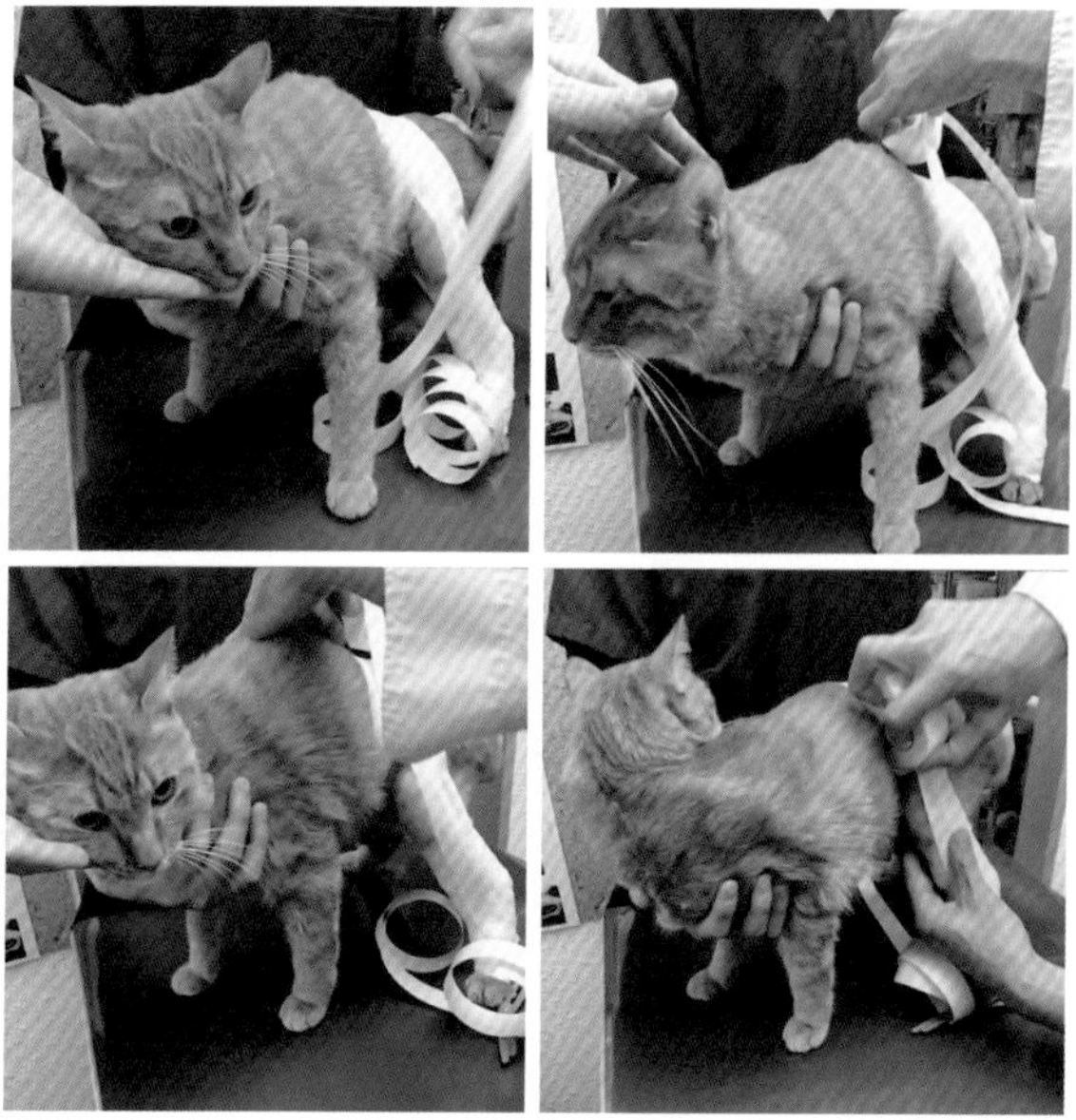

おぱんつ直し日和。
ギプスも外して
治り具合を確認。
順調に治って来ています。
ぬげおくん、緊張しながら
がんばりました。

おかーさんと病院にいった。
ぶるぶる震えていたのは
少し緊張してたからです。
先生が
じゅんちょうになおってると、
ほめてくれて
かっこいいテープを
あしにまいてくれた。
ぎぷすはあと、10日間くらいつけます。
このお星さまのもようには
わかさときぼうが
みちあふれている。
やんぐまん、なふんいきだと
思いました

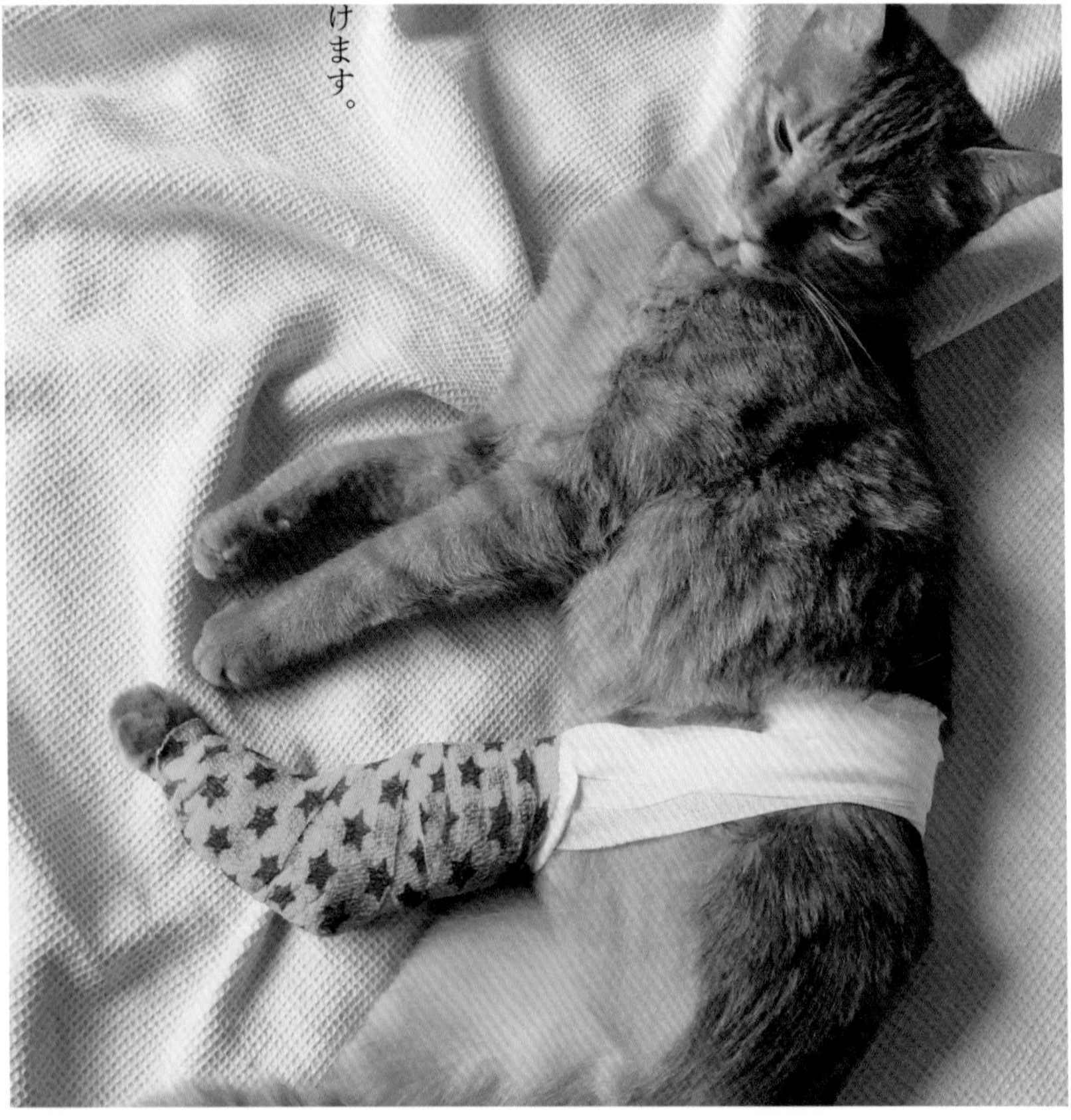

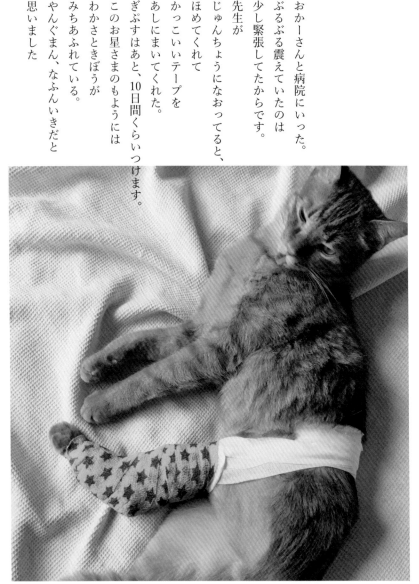

2017/11/12 夕

タイトル
はにちゃんのお見舞いきた
俺たち。

ぼくのおへやにファービーがきた。
たびちゃんもきた。
ふたりともてみやげもなくて
てぶらだった。
ぼくのベッドでぐうぐう寝ていった。
でもぼくは気にしない。
よのなかは厳しいからだ。
強いこころでいきてゆく

2017/11/14 ユ

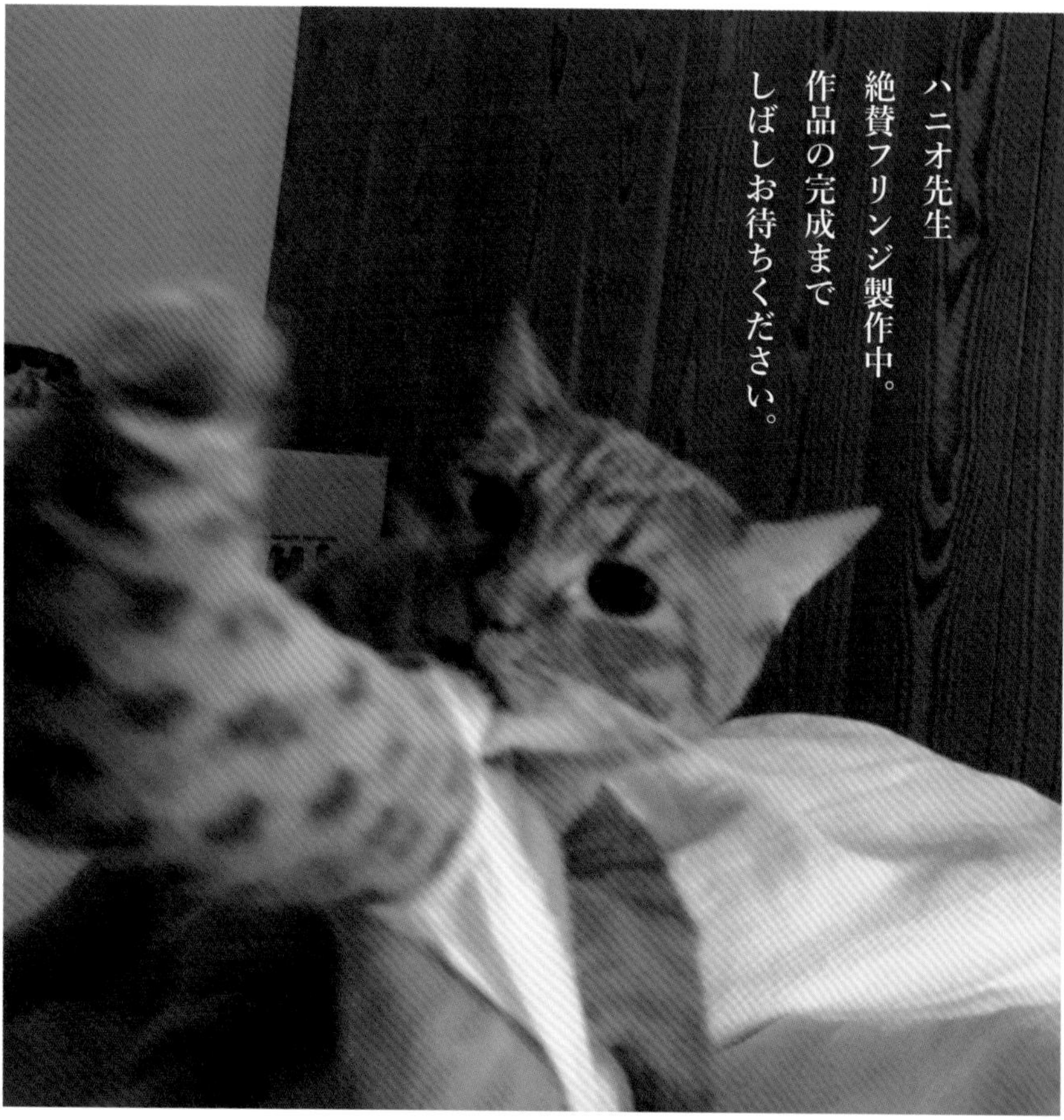
ハニオ先生
絶賛フリンジ製作中。
作品の完成まで
しばしお待ちください。

ハニオ秋田弁しゃべってみました
「ハニオです
こないだこっせつしたんだけんどもよ
じゅんちょうになおってきてます。
かっこいいーヤングマンな包帯もよお
まいでらども
はんにーフリンジのせいさくによー
毎日なんとなんといそがしくてよー
おみまいに来てけるひとは
ドアのところを5回
コンコンコンコンコンて
ノックしてけれなー
んだら、まんず」

秋田弁の先生は
このかたです。
なんとなんと
白く光りかがやく
真珠のような雅姫さん。
載せていい?と聞いたら、やだー!と。
でもそのあと許可を得て、ここに登場して
いただきました。
さあみんなで
Let's speak 秋田弁。

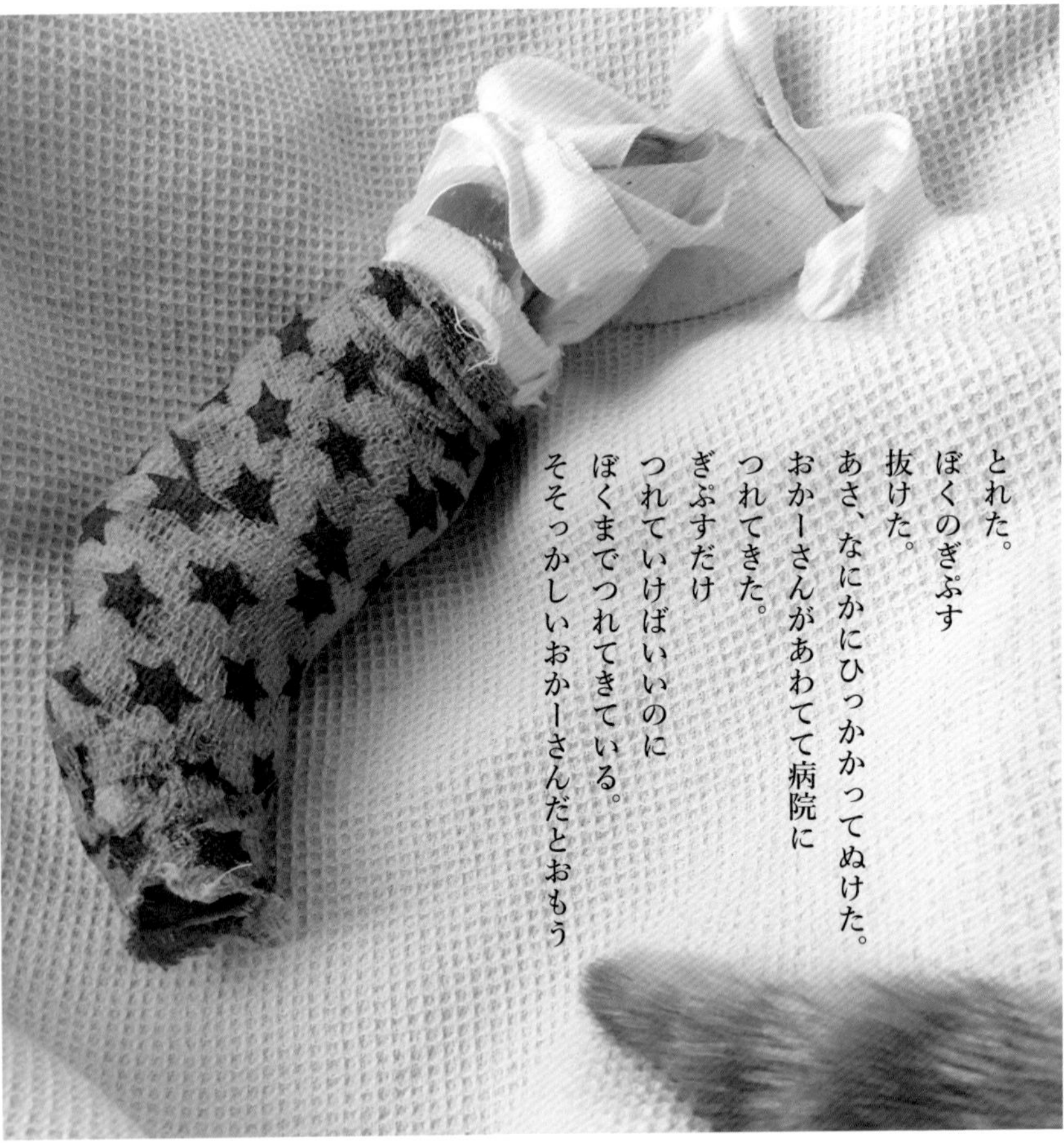

とれた。
ぼくのぎぷす
抜けた。
あさ、なにかにひっかかってぬけた。
おかーさんがあわてて病院に
つれてきた。
ぎぷすだけ
つれていけばいいのに
ぼくまでつれてきている。
そそっかしいおかーさんだとおもう

2017/11/18 ハ

きのう、
ぎぷすから、あしがぬけた。
おかーさんに
病院につれていかれた。
せんせいが
ぎぷすはもう、はずしていいですと
言ったので
ぼくはひさしぶりに
スッキリしたあしです。
それでも、
白いテープは
巻かなきゃいけないって。
ハニーフリンジの
せいさくに
はいるところです。
とれたぎぷすを
いちめいさまに
ぷれぜんと。
…あ、やっぱりじたいします

2017/11/18 ハ

ぎぷすへ。
ぼくを支えてくれた
ヤングマンな
ぼくのぎぷす。
きみのいないまいにちは
おさかなのいない
八百屋のようです。
ぼくはきみのことは忘れない。
つよくつよく生きてゆく。
みまもっていてくれ
おれのこと

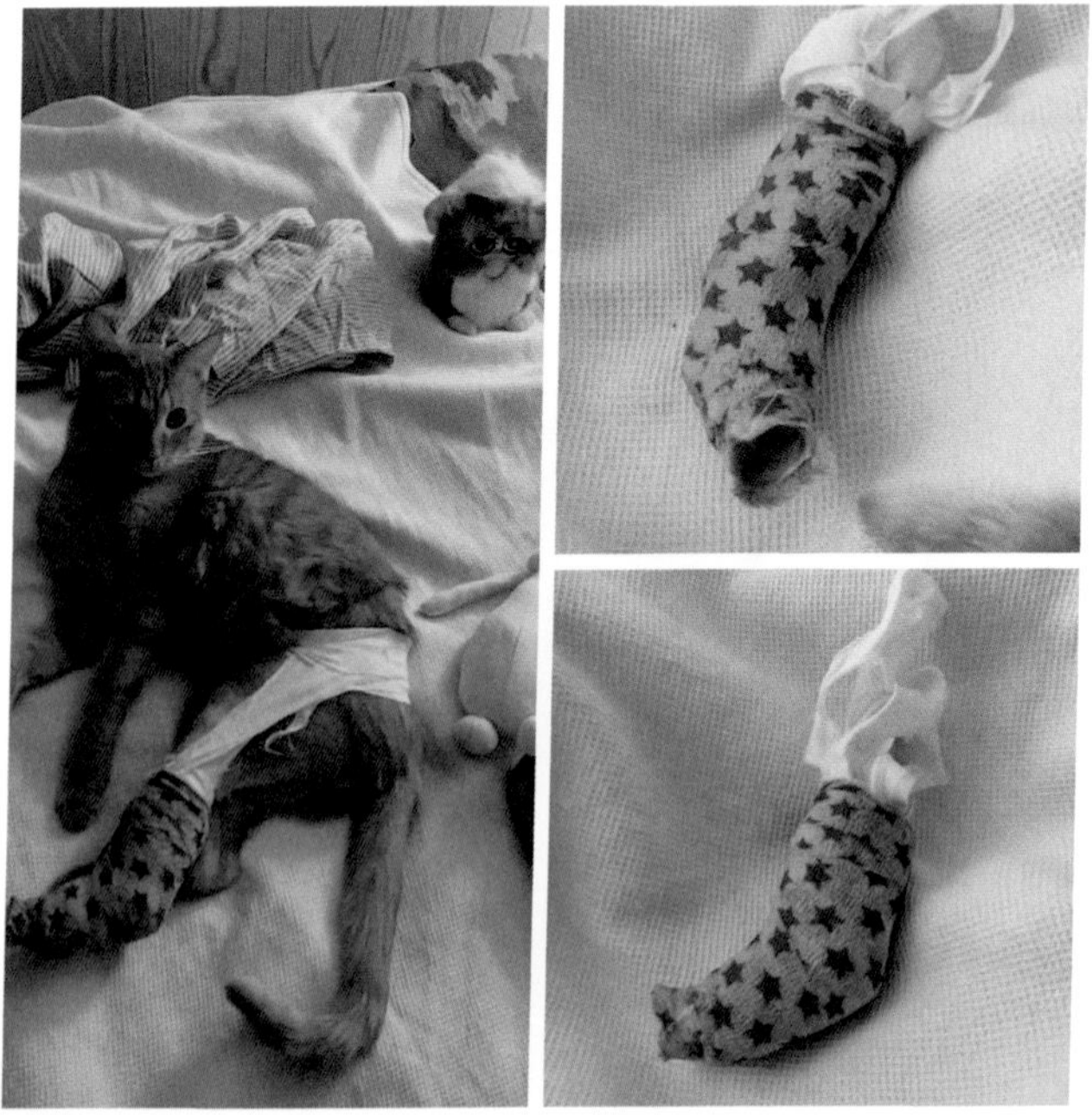

2017/11/19 ハ

ねていたら
おふとんをめくられた。
ぼくはまいにち
おふとんの中で、ねてます。
たびちゃんは
おふとんの上です。
ぎぷすもとれて、
テープも取っていいといわれました。
きのうはひさびさに
すこし走りました。
でもまだ、
あしのなか、の
はりがねを
取るしゅじゅつが
のこってるんです。
かっこいいです

あしたのぼくのよてい。

かっこよく起床
かっこよく病院へ

かっこいい麻酔
かっこいいハリガネじょきょしゅじゅつ。

おかーさんがむかえにきて
かっこよく退院。

というわけで
かっこよく寝ます。
おやすみなさい

2017/11/20 ハ

よていどおり
かっこよくおきた。
にじゅうあごっぽいのは
わざと、そうしています。
よゆうをあらわすためです

2017/11/20 ハ

ハリガネじょきょしゅじゅつ。
病院にいったら、
はりがねが
かっこよく体の中におさまってるので
取らなくてもいいことになりました。
そんなわけで
すてきな紙コップと記念撮影。
ヒグチユウコさんの
紙コップです。
そんなわけで
ぼくの足は、
完治しました。
おうえん、ありがとうございました。
りっぱなライオンとしてがんばります。
ハニオより

2017/11/24 ハ

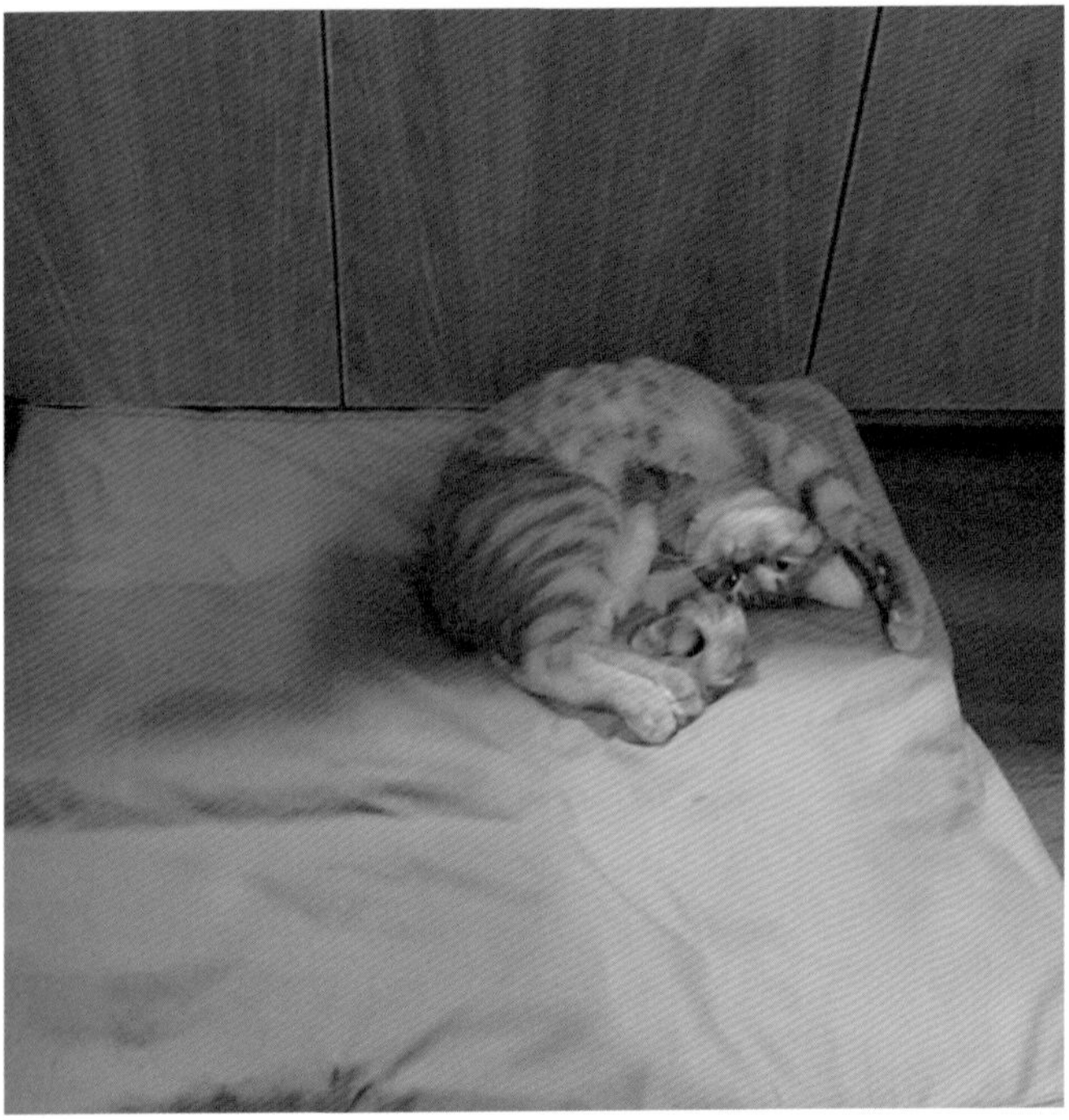

おかーさんは働く
ぼくたちをそだてるために。
ぼくは
毎日考える
ささみのふんいき。
かりかりのぐあい。
ちゅーるのむーど。
ぼくもとても忙しい

2017/11/29 ユ

完全復活とは
こういうことなのか
昨日の夜
お風呂から上がったわたしが
最初に見た光景。
また、例のブーツを
運んできたひとがいます。
タビの横にあるけど
たぶん
犯人はタビではなく
少し離れて様子を見ているほう、
だと思われ
ファービーは知っている…。

2017/11/29 ハ

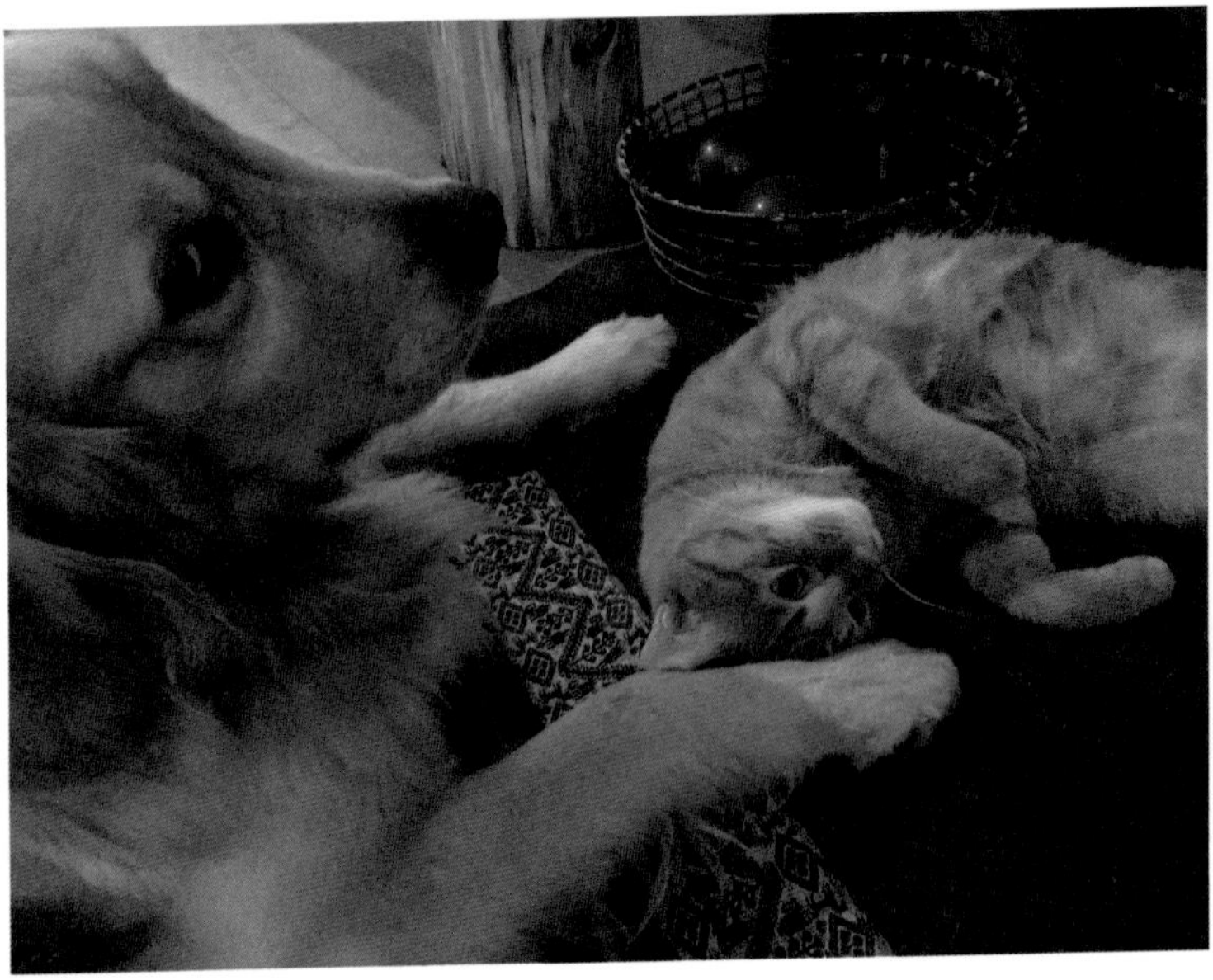

ぼくは知らない
ぶーつなんて、はこんでない。
やみあがりのぼくに
あんな重たいものは
はこべない
はんにんは
ゆきちゃんだ。
たびちゃんかもしれない。
ぼくはやってない

2017/12/4 ユ

シャッターチャンスを逃しました…
たったいまハニオが
玄関からまた、ムートンのブーツをくわえて雪の前に持ってきました…
現行犯、おかーさんは
しっかり見たぞ。

２０１７年の忘れられない出来事の中に
ハニオの骨折…があります。
10月23日の夕方６時半ごろ、私は台所で夕飯の準備をしていました。
穏やかな秋の夜。珍しくテレビがついていたと記憶しています。
ハニオとタビはそれぞれの好きな場所でくつろいでいて
雪は何をしていたか……多分台所に立つ私の足元に寝そべってたような。
とにかく当たり前の、なんでもないいつもの夜の始まりでした。

ある瞬間。タビが何かに驚いて、
いきなり走り出しました。多分テレビの音に驚いたのではないかと推測しますが。
部屋中を走り回り、その様子に驚いたハニオが、瞬発的に走り出した……のだと
思うのです。

思うのです、としか書けないのは、
ハニオの叫び声に驚いて振り返った時、むしろ何事もなかったかのような顔をして

ハニオは玄関のたたきに寝そべってたからです。
でも、何かがおかしい。
目はまんまるで、茫然自失のような顔をしている。
2階にいたのに瞬時に階段下の玄関にいるということは、
階段の手すりの下の隙間から滑り落ちたことが容易に推測できました。
血の気の引く思いで階段を駆け下り、
ハニ坊、大丈夫?どうした?と言いながら恐る恐る抱きかかえる。
ぷらーん……と力なく垂れ下がる左足。
これは……。折れてる。どう見ても折れてる。
ハニオはむしろとても静かで、痛がりもせず。おそらく自分の身に何が起こったのか
理解できていないようなそんな顔でした。
私はこういう時、なぜか妙に冷静で
猛スピードでケージを出して、ハニオをそこに入れて扉を閉め、とりあえずの安全を確保し
かかりつけの動物病院に電話。
時計を見ると、あと5分でその日の診療が終わる。そんな時間でした。

ことの顛末を説明すると
とにかく急いで連れて来てくださいとのこと。
あと5分遅かったら病院が閉まっていたことを思うと
あの不幸中の幸いにひたすら感謝しかない。

ハニちゃん何があったの、と心配顔のタビと雪に
大丈夫だよ、すぐ帰ってくるからと言い残し
一目散に駆けつけた病院。

あ――
折れてますね……と先生。
はあぁ……。すぐに撮ってもらったレントゲンは
左足の太腿の骨が潔いほどにぽっきりと。
やってしまった。ハニオ。
ハニオ骨折。

そのまま入院、
翌日手術。
甘ったれで人見知りのハニオをひとり病院に残し
家へと戻る道すがら、私は自分を責めた。
ああやはり、あの階段の、あの隙間は危なかったんだ。
何をどう言われてもあの隙間を埋めるようにしておけばよかった。
猫だから、身が軽いから、落ちたりしないだろうと
幾度となく説得され、デザインされた手すりだったのですが
やはり危ないものは危ない。
ごめんなさいハニオ。これは私のミスでもあるのです。
この反省は私の中で一生残るものになりました。
安全あってこその家、日々の暮らし……です。

翌日の手術は無事に終わり
様子を見に行くと、ハニオ、エリマキトカゲのようなエリザベスカラーをつけて

サイコロ型のブースにひとり、寝ていました。
水玉の毛布をかけている……
ううう……ハニオ。偉かったね。痛かったね。
先生本当にありがとうございました。

基本的に骨折した子は安静を保つために
完治するまで入院、とのこと。
三週間から1ヶ月。……長い。ハニオに耐えられるのか。
いやでもしかし安静には替えられない。
ハニオは私がお見舞いに行けば、
もんどりうって、暴れて、大泣きし
おかーさんおかーさんぼくもかえる！！！
おいていかないで！！！と叫ぶ。
しかもご飯を全く食べない。
……。

先生も困り顔。
そんな日が三日続いたあの日、
私は、ハニオを家に連れて帰ることにしたのです。

今思えばその時期、私はちょうどしばしの休みの期間で、
ハニオにつきっきりでいることが可能でした。
そのことが本当に、不幸中の幸いでした。
とにかく安静に。隔離された、段差のない部屋…とのことで
一階にある6畳の和室がハニオ部屋に決定。
この時ほど、和室を作っておいてよかったと思ったことはありません。

白いギプスとそれを支えるための白い包帯を体に巻いた姿。
それがまるでサラシのようで
畳の上でじっと神妙に座っているハニオは
どことなく極道の世界の若い衆を思わせる……

笑っている場合じゃないけど、心の中で少しだけ笑ってしまいました。
(ごめんねハニオ。)
家に帰ってきて安心したのか、
すっかり落ち着いて和室でくつろぐハニオ。
私も一緒に1日のほとんどの時間を和室で過ごすようになりました。
常に私と一緒にいるのですっかり甘ったれになってしまい
ごはんは私の手から食べたがる。
夜は私の布団のなかに入ってきて、一緒に眠る。
最初の3日間ほどは、手術をした傷跡が時々痛むようで
明らかにおとなしかったのですが
次第にどんどん、のびのびといつも通りのハニオになっていきました。
骨折という喜ばしくはない出来事でしたが
ハニオと二人で和室で過ごした日々は穏やかで平和で満ち足りた時間でした。
なんでもない日々のありがたさをひしひしと感じた、あの日々。

もちろん私には他の猫たちの世話や犬の雪の散歩など
やることは山ほどあったのですが、妹や、友人たちの助けによって
なんとか日常は無事に過ぎていきました。
支えてくれたみんなには感謝しかありません。

2回のギプス替え、包帯の巻き直し。
部屋も和室から私の寝室へ移動し、こんな生活にもなんとなく慣れてきた頃、
ハニオの骨は無事にくっついて、
「完治しました」の声を先生からいただきました。
およそ1ヶ月の日々でした。

振り返ってみれば
骨折した瞬間、私が家にいたこと、そして
ハニオが家で療養する間、私が休みの時期だったこと
このふたつのことには返す返すも感謝です。

そして、この事故の何よりもの反省点
それが家の中を安全な環境にしておくことへの意識の足りなさ、でした。
猫だから、身が軽いから、大丈夫などということはないのです…。
私はこの事故の後、すぐに階段の手すりの隙間を埋める工事をしました。
こういうことって、小さなお子さんがいる家庭でもきっと
同じなんだろうと思いますが、骨折で治ったからよかったけど
もしも頭を打っていたら、と思うと、今でも背筋がヒヤッとします。

なんでもない日々が一番幸せ。
そのことを痛いほど知った、ハニオの骨折のお話でした。

2017 winter

雅姫さんのおうちにて。ヴォルスと雪

2017/12/4 ユ

いまだ未解決事件の続きです。
犯人、現場に戻りました。

おかーさんはお仕事。
ぢょゆうだから。
おかーさんははたらく。
ぼくたちのために。
さむいなか、はたらく。
ぼくたちはこうやって
よりそいながら
おかーさんのかえりを
まっている。
たびちゃんは
ソファの上です

おおきなおくち大会をやった。
おおきなくちで、虫歯のない子が
ちゃんぴおんです。
ぼくはむしばがありません。
たびちゃんもありません。
ぼくのほうが
大きなおくちだとおもいます

おかーさん
おかえり。
どこいってたわけ?
なんで、でんき消していったの?
まっくらだったのよ。
ぼくとたびちゃんは
よりそってくらがりのなかで
まってたのよ。
ゆきちゃんは
ねてたのよ

さいきんおもうこと。
お日さまの光にあたると
黄金色にひかりかがやく、ぼく。
たびちゃんは
白大福いろにかがやき、
ゆきちゃんは
くりーむぱんいろに
かがやく。
おかーさんは、
それなりにかがやく

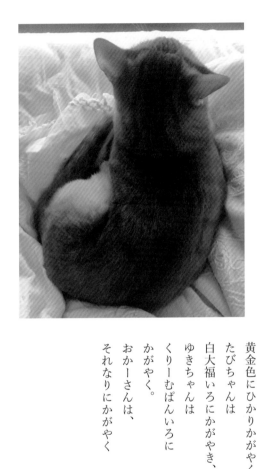

2017/12/12 ユ

冬の光は低くて柔らかく、
やさしい。
夏の光よりわたしは断然冬の光が好き。
日本の冬は明るくてやさしい。
しかし師走の、追い立てられるような気持ちはいったいなんなのだ。
クリスマスもお正月も、
正直めんどくさい、と思うわたしは
怠け者なのかしら。

2017/12/14 夕

おかーさん
ことしもおわりますね。
あの、ぼくの鼻のふちどり、
すすんでますか…
かみさまが
とちゅうでやめて
ぼくをよのなかにおくりだした
ふちどり。
すこしはすすんでますよね。
ぼくには
すすんでるようにしかみえない。

ぼくは考えている。
たびちゃんのふちどりについて。
みんな、すすんでるというけれど
ぼくには
すすんでるように見えない。
たぶん
すてきなおやつが足りてない。
かっこいいちゅーるも
たりてない。
おかーさん、はやく
すてきなぼくたちに
すてきなおやつをください。
ふちどりのためです

ぼくはハミガキがだいすき
とくに
ハブラシがすき。
ハミガキ粉はもっとすき。
おかーさんのハブラシで
すこしあそぶのが
まいぶーむです

2017/12/17 ユ

猫って歯磨き粉が好きなんでしょうか。
わたしが歯を磨こうとすると
どこからでも走って来ます。
ハニオは湿布の匂いも好きみたい。

2017/12/22 ユ

今日は冬至。
夜が一番長い日。
冬の日差しは柔らかく、優しくて
大好きです。
寒い寒い撮影も、
現場の熱気とみんなの気合いで
楽しく進んでいます。
風邪が流行っています。
どうぞみなさま
ご自愛ください。

おはようございます
上野のしゃんしゃんに
心を奪われておりましたら
ウチのしゃんしゃんが
目を覚ませと、文字通り
起こしてくださいました。
きょうも良い日でありますように。

うちのしゃんしゃんは
なかなか厳しい。

2017/12/26 ハ

昨日の夜のことだった。
ぼくのクッションの上に
たくさんの太郎が来ていた。
呼んでないのに
こんなにおじゃましていた。
すこしどうようしています

2017/12/26 ハ

朝になったら
太郎はいなくなっていた。
きっと大阪に
かえらはった、と
おもいます。
帰るおうちがあるってすてきよね

おかーさん
いまだれか、きたでしょ、
ピンポーンって音したでしょ。
ぼくは、
ピンポーンて音がこわいときと
へいきなときがある。
さっきの音は
なんかこわかった。
きっと、太郎が
かえってきはったんや

2017/12/28 ハ

ぼくはゆっくりしずかに、
「ことし」とおはなしをしている。
かっこいいおやつのしゅるい、
にゃんコプターあそびのふんいき、
猫缶のおもいで。
なのにゆきちゃんは
にやにやして
とてもおちつかない。
なんとかしてほしい

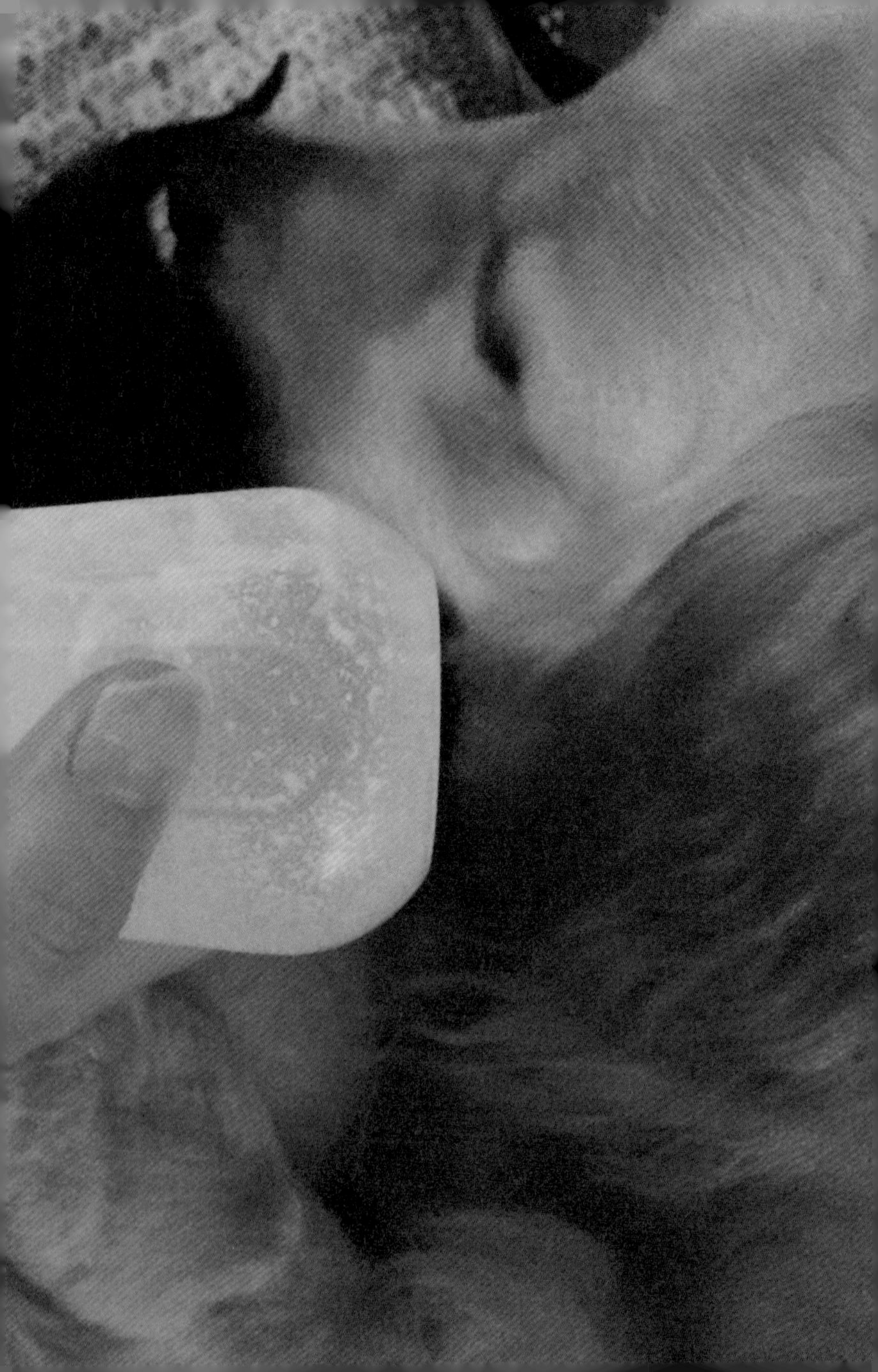

石田ゆり子
1969年10月3日生まれ。東京出身。女優。

デザイン　黒田益朗（kuroda design）
マネジメント　高間淑子（風鈴舎）

ハニオ日記 I　2016-2017

発行日　2021年5月31日　初版第1刷発行
　　　　2021年6月20日　　　第3刷発行

著　者　石田ゆり子
発行者　久保田榮一
発行所　株式会社扶桑社
〒105-8070　東京都港区芝浦1-1-1浜松町ビルディング
電話　03-6368-8873（編集部）　03-6368-8891（郵便室）
www.fusosha.co.jp

製本・印刷　図書印刷株式会社

Printed in Japan　ISBN 978-4-594-08788-3